KB266469

함께 웃고
함께 울다

송창권의 의정 일기

함께 웃고
함께 울다

송창권 지음

더봄

폭낭

송창권

신작로 한질에 바짝 붙어 있는 바람코지 낮은집
초등학교 입학 날 별장 같은 널따란 집으로 이사 오며
젊은 아버지가 기념으로 심어 정을 나누기 시작한 낭

깔깔대던 개구진 아이들 그네 매달고 놀던 기둥 되고
밭 갈고 구루마 끌던 어진 소를 묶어 놓기도 하고
한여름 불볕 유별나던 재열들의 안식처가 되었어
놀다 생긴 상처, 꼬맹이 분풀이 발길질마저
아무 영문도 모른 체 그냥 받아 안았지

유복한 주인집 정겨운 식탁에 둘러 앉고파서
삐쭉거리며 내민 고개
집 그늘진다며, 사정없이 잘려 나갈 때도 묵묵했지

마치 털 깎는 자 앞에 선 양 같았어

그러고도 아랑곳 않고 이내 다시 그 넓은 품을 푸짐하게 내어 놓았어

어머니 같은 우리 큰누님 결혼식날

하객들 잔칫상에 오를 돼지의 예약된 숨을 끊어 놓는 곳이기도 했지

무뚱에 있던 어릴 적 내 친구 블랙의 그때 그 눈빛의 의미를 난 지금도

모르겠어

인간의 빠른 생의 과욕이 아끼던 그 블랙의 생을 잘라 놓을 때도

오히려 근처에서 그저 찬찬히 보고만 있었지

세월 흘러 이젠 제 갈 길 갔다 잠시 돌아와 집울타리 돌담 위에 걸터 앉

은 작은 이들의 사진 배경이 된다

반백년을 그리 가족이 되고는

남겨진 노부부 기다림의 언저리 되었네

언제부턴가 낮은 슬레이트 지붕의 돌담집 더 낮게 만들더니

이제 와 열 치나 더 크게 자랑거린다

강한 햇살을 부수어뜨려

부드럽고 간질거리는 반짝거림으로

한결같이 날 마중한다

_2016.09.22 고향집 앞 폭낭을 생각하며

폭낭: 팽나무의 제주어, 폭나무, 퐁낭이라고도 쓰지만 폭낭이 바른 표기임

폭: 열매, 폭총

낭: 나무의 제주어

한질: 큰길의 제주어

바람코지: 바람이 머무는 장소란 제주어

구루마: 우마차의 일본어

재열: 매미의 제주어

무뚱: 마당의 제주어

블랙: 어린 시절 함께 지냈던 강아지 이름

나는 왜 정치를 하려고 하는가?
나로 인해서 우리 지역구는 좀 더 나아지고 있는가?
우리 제주도민과 제주도에 도움이 되고 있는가?

이 사회의 연결 고리 중에, 애초에 약하게 만들어졌기 때문에, 또는 더 닳았기 때문에, 혹은 비바람을 막지 못해 녹슨 고리를 두 팔로 단단히 붙들어 매어 끊어지지 않도록 하는 정치를 하겠다고 다짐하고 공언하고 있다.

그런데, 과연 그리하고 있을까? 더욱이 무너진 곳을 보수하겠다는 정치를 공언하고 있는데…… 거울 앞에서 7년 반의 시간을 돌이켜 본다.

외도동·이호동·도두동 지역구 주민들 덕분에 귀한 도의원의 일을 수행하고 있다. 하고 싶었던 일을 하고 있으니, 기쁘다. 흡족하지 않았을 텐데도 귀한 기회를 주시니, 무한 감사하다. 그 세월이 벌써 8년째다.

공인으로서, 맡은 자로서 맡겨주신 분들에게 주요 민원과 현안과 계획과 정책 등에 대해서 온라인·오프라인을 통하여 내 나름대로 공개하고 보고드리고 있다. 특히 SNS를 통해서는 1주일에 2~3번 정도로 포스팅함으로써 최대한 보고해 오고 있다. 오프라인에서는 '찾아가는 의정 보고' 활동으로 3개 동을 직접 방문하여 보고드리고, 지도와 편달을 받으며 소통해 왔다.

이번 책은 도의원이 되기 전에 출간했던 『삶은 행복이다』에 이어, 내 인생의 두 번째 책 『함께 웃고 함께 울다』이다. 도의원이라는 귀한 직책을 맡겨주신 도민에게, 특히 외도동·이호동·도두동 주민들께 바칠 것은 충성이라는 소신과 정신으로 썼다.

그동안의 의정활동에 대해서 페이스북이나 네이버 밴드나 인스타그램에 포스팅했던 글과 사진을 모았고, 언론에 기고했던 글도 재구성해서 실었다. 온라인·오프라인에서 8년 동안 꾸준히 소통했던 것은 도의원으로서의 의정활동에 대해 좀 더 제대로 설명하고 이해를 구하기 위해서였다. 왜 그렇게 발언했고, 본회의에서 어떻게 투표를 했었는지 등 의정활동을 상세히 알려드리고 싶어서였다. 그 내용을 책으로 엮음으로써 주민들에게 정리해드리는 게 좋겠다고 생각했다.

혹 다른 목적이 있다는 오해를 살까 봐 망설이기도 했다. 하지만 선출직 공직자로서 솔직한 고백 같은 의정일기를 나누고 싶었다. 하루 24시간이 모자라는 바쁜 공식 활동을 마치고 피곤한 몸을 이끌고 의원실로 돌아와서 컴퓨터 앞에 앉아 정리한 게 달포는 차고 넘쳤을 것 같다. '더봄' 출판사 대표 김덕문 아우의 원고 독촉은 당연했다.

나에게는 어릴 적부터 평소에는 답답할 만큼 태평하게 있다가 발등에 불이 떨어져야 몰아서 일하는 습관 때문에 주위 사람들을 애태우는 '느렁태'의 기질이 있다. 이로 인해 처음에 정했던 출판 기일도 여러 번 넘겼다. 그나마 두 번만 어긴 것이 다행이다.

책에 실은 내용은 초선 의원으로 당선된 2018년 7월 1일부터 2025년 11월 30일까지의 기록이다. 목차 구성에 따라 편집을 하려다 보니 시기가 뒤바뀌기도 하고, 지금 보면 계획이 변경되거나 철회되기도 했고, 시행이 보류되기도 했으며, 시의에 부적절하여 다소 엉뚱한 주장이 되기도 하였다.

하지만 오래된 일기장을 열어 보았을 때 부끄럽고 유치했던 모습이 드러나듯 초심을 잃지 않은 고집이나 욕심도 보인다. 그래서 비록 당시와 현재와의 비교에서 철 지난 독선도 보이지만, 당시의 솔직한 고백이 오늘의 성찰로 이어져 좀 더 정제된 주장으로 나아가게 되길 바라는 마음으로 그 모습 그대로 정리했음을 이해해주시기 바란다.

원고를 정리하면서 '아! 이때는 이런 식으로 어려움과 갈등을 바라보고 조정했구나' 하면서 지난 시간을 되돌아보게 되었다. 그렇게 후련함과 부끄러움이 혼재된 속에서 지난 7년 반의 의정활동을 엮어서 여러분에게 보고드린다.

추천사를 부탁했을 때 선뜻 "그러마!" 하시고는 보내주신 존경하는 강창일 전 주일대사님, 고충석 전 제주대학교 총장님, 김두관 전 행자부 장관님, 노경천 제주성지교회 담임목사님께 감사를 드린다.

특히 사랑하는 내 각시 김신영과 아직 애송이 경찰인 딸 예희와 하나님이 보내주신 천사하보천인 중앙중학교 축구선수로 뛰는 쌍둥이 아들 예준이와 예루에게 고맙다.

또한 지역의 일을 하면서 의도치 않게 사진이나 글 내용에 포함되어 등
장하는 분들도 있을 텐데 너그러운 이해를 구한다. 혹 불편한 것이 있다
면 전적으로 나의 책임이다.

이 책으로 혹 나의 생각과 입장을 좀 더 알고 싶거나 정책에 대해 논의하
고 싶으시다면 반가운 일이다. 계획과 사업과 정책에 대해 좀 더 공부하
고 다듬을 소중한 기회가 되기 때문이다. 이는 결국 제주도민과 제주도
를 위하는 일이기에 더욱 그렇다.

2026년 1월

송창권

강창일_前 주일대사/국회의원

나는 송창권 의원을 만날 때마다 진지한 정치인, 부지런한 정치인, 정치의 본질을 정확히 꿰뚫어 흔들림없이 헌신하는 '참 정치인'이라는 생각을 합니다. 게다가 이번에 펴내는 의정일기인 『함께 웃고 함께 울다』는 제목 자체부터 너무나 감동적입니다. '함께 더불어 사는 세상'을 꿈꾸는 그의 고민이 그대로 농축되어 있기 때문입니다. 많은 국민들이 정치인은 권력욕과 명예욕에 빠져 있고, 더 나아가 물욕으로 얼룩진 자들도 많다고 생각합니다. 그래서 근래 들어 정치는 혐오의 장이 되었습니다. 요즘 이 나라의 정치가 패거리 정치, 팬덤 정치, 관종 정치로 얼룩지고 몸살을 앓고 있기 때문입니다. 정치는 헌신과 봉사의 자리로서, 극단화를 지양하여 소통과 대화·타협을 통해 사회를 통합해가면서 공동체를 더욱 탄탄하게 만들어가는 기제로서 작동되어야 하는데, 거꾸로 갈래갈래 찢어놓는 기능을 하고 있는 것이 현재 정치판의 자화상입니다.

하지만, 정치는 우리의 삶에 직결되는 영역이고 권력입니다. 그래서 남의 일 보듯이 그냥 지나칠 수가 없습니다. 국민들이 두 눈 부릅뜨고 감시·감독해야 할 것입니다. 정치하는 사람들도 정치의 본질은 무엇인가 늘 고민하면서 초심을 잃지 말아야 합니다. 매일 자성해야 합니다.

그럼에도 한눈팔지 않고 늘 바른길을 가는 송창권 의원을 보면서 희망을 가져봅니다. 이제 재선을 끝내고 3선을 내다보고 있습니다. 국민들은, 유권자들은 늘 눈여겨보고 있습니다. 더욱 정진하시기를 기원합니다.

고충석_前 제주대학교 총장

강의실에서 나에게 행정학을 배우던 제자가 제주의 현실을 책임지는 재선 도의원이 되어, 자신이 걸어온 길을 한 권의 책으로 엮어냈습니다. 함께 나이를 먹어 가는 스승의 입장에서 반갑고도 기특한 마음이 앞섭니다. 세월이 흘러 제자는 어느덧 환갑을 넘겼지만, 강의실에서 공공의 의미를 묻던 그 눈빛만큼은 지금도 또렷이 기억에 남아 있습니다. 송창권 의원은 학생 시절부터 행정을 이론이 아닌 삶과 현장의 문제로 받아들이던 인물이었습니다. 그의 의정 활동 가운데 특히 의미 있는 성과는 외도동 지역의 20년 숙원이었던 서빛중학교 신설을 이뤄낸 일과, 모두가 걱정만 하고 난감해하던 제주 공공하수처리장 현대화 사업을 도두동민과의 긴 대화와 설득으로 풀어낸 경험일 것입니다. 이는 행정이 단순한 결단이 아니라, 시간을 들여 책임을 감내하는 과정임을 보여줍니다.

아울러 신앙을 삶의 중심에 두고 매년 소록도를 찾아 봉사활동을 이어가는 태도, 개인의 아픔을 입양을 통해 가족의 사랑으로 품어 온 선택, 공공복지 현장에서의 헌신 또한 스승의 마음으로 함께 헤아리고 싶습니다.

이 책이 공공의 자리에서 송창권이 어떤 선택을 해왔는지 돌아보게 하는 성찰의 기록으로 남기를 바라며, 지역사회 한 사람의 원로이자 도민으로서 그의 담담한 걸음에 조용한 격려를 보냅니다. 그의 앞날에 신의 가호가 있기를.

김두관_前 국회의원/행정자치부 장관/경남도지사

송창권 의원과 저와의 인연은 오래되었습니다. 20여 년 넘게 함께 자치분권, 지역균형발전을 위해 노력해온, 존경하는 동지이자 형제나 다름없는 사람입니다.

저는 누구보다 송창권 의원을 신뢰합니다. 평소 정치인이자 독실한 크리스찬으로서 그가 보여주는 '사람을 향한 진정성'은 그를 아는 사람이라면 누구나 인정하는 사실입니다.

하지만 진심으로 신뢰하는 이유는 무엇보다 정치인으로서는 드물게 일관된 소신을 지켜왔기 때문입니다. 주민의 선택을 받기 위한 10년이 넘는 노력과 주민의 선택을 받은 이후 8년 동안의 의정활동을 통해 보여준 그의 소통 의지와 성실한 자세는 많은 이들의 감동을 자아냈습니다.

그래서 저는 기쁜 마음으로 송창권 의원의 정치적 행보를 적극 지지합니다. 제목처럼 "함께 웃고 함께 울다"는 문장에 부합하는 딱 한 사람을 꼽으라면 그가 바로 송창권 의원입니다.

제주 땅속 깊은 곳에는 여전히 한과 슬픔이 웅크리고 있습니다. 송창권 의원을 오랫동안 겪은 저는 그의 따뜻한 애민정신이 그것들을 부둥켜안고 어루만지어 희망을 일구는 것을 보았습니다.

제주도민을 향한 송창권 의원의 뜨거운 마음이 이후에도 오래도록 제주를 위해 헌신할 수 있기를 바랍니다.

노경천_제주성지교회 담임목사

성경 로마서 12장 15절에 사도 바울은 이렇게 말합니다.

"우는 자들과 함께 울라."

이 말씀은 사도 바울이 그리스도인의 삶의 덕목을 말하는 부분입니다. 또한 기독교인으로 제주성지교회의 장로이면서 제주도의 도의원인 송창권 의원이 평소 즐겨 하는 말씀이기도 합니다.

저는 우리 송창권 장로에게 도의원을 시작할 때 이렇게 부탁했습니다.

"하나님이 한 교회의 장로가 아니라 이제 제주도라는 더 큰 교회를 맡겨 주셨으니 더 열심히 더 세심하게 더 낮은 자세로 섬겨 달라."

그리고 가끔 물어봤습니다. "어때요? 할 만합니까?"

그때마다 한결같은 대답은 "너무너무 하고 싶었던 일입니다. 그래서 기쁨으로 감사함으로 감당하고 있습니다."

제가 아는 송창권 장로는, 송창권 의원은 정치를 하는 이유가 분명합니다. 더 높아지기 위해, 자신의 이름을 드러내기 위해, 힘을 과시하기 위해서가 아니라 "우는 자와 함께 울기 위해"서입니다. 그리고 우는 것이 즐거운 사람입니다. 울 수 있는 것이 감사한 사람입니다.

그래서 송창권 장로의 정치를 적극 지지합니다. 송창권 의원이 꿈꾸고 소망하는 "우는 자가 없는 세상"을 위해 함께 기도합니다.

목차

1

송창권의 삶과
정치인으로서의 소신

매년 8월 떠나는 이기적인 힐링 여행?
소록도 가족 봉사

2024.08.03

소록도. 이름만 들어도 마음 한구석이 짠해지는 섬이다.

소록도는 전남 고흥군 도양읍에 위치한 작은 섬이다. 면적이 4.46㎢이니 우도의 2/3 정도 크기다.

이 작은 섬은, 그러나 한국 근현대사의 아프고 부끄러운 역사를 가장 많이 품고 있는 곳이다. 소록도는 몇십 년 전까지만 해도 한센도, 한센섬, 나섬, 문둥섬이라는 차별과 비하적인 이름으로 불리며 '병자들의 섬'으로 낙인찍힌 비운의 섬이었다. 과거 우리나라에는 소록도뿐 아니라 육지 다른 곳에도 한센인 정착촌이 80여 곳 있었지만지금은 10여 곳 정도 남아 있다, 그 중에서도 가장 많이 알려진 곳이 소록도다. 전염 혹은 유전되는 것으로 알려졌던 질병인 한센병 치료 기관을 모두 소록도에 몰아넣었던 탓이다.

소록도에 국립소록도병원이 정식 개원한 것은 1960년이지만, 한센인들의 소록도 수용은 훨씬 더 이전부터 시작되었다. 구한말에 입국한 개신교 선교사들이 한센병 환자들을 위한 병원이나 시설을 세운 곳이 대부분

전라도였고, 소록도도 그중 하나였다. 이후 대한제국 정부는 1909년 한센병 치료를 위한 전문 요양소인 '자혜의원'을 소록도에 건립했고, 일제 강점기인 1916년에는 조선총독부가 '소록도 자혜의원'을 설립하면서 소록도에서 한센인 병원이 본격적으로 운영되기 시작했다. 당시 한센병에 대한 일제의 정책은 '격리수용'이었다. 그래서 소록도는 한센인들을 격리하는 '한센인의 섬'이 되고 말았다.

소록도 주민들은 모두 한센병력자완치자로 전염이 안 되고, 비한센인은 부부 등 가족 이외에는 동거가 안 되며, 한센병력자가 사망하면 퇴거해야 함로, 섬 전체가 하나의 거대한 병원이나 마찬가지다. 그래서 이곳엔 개인 부동산이 없고, 모든 것이 국가 소유다. 함부로 수리하는 것도 불가능하고, 수리가 필요하면 정부에 요청해야 한다. 소록도의 주민은 한때 6,000명이 넘기도 했지만 지금은 약 350여 명 정도만 남아 있다. 대부분이 기초생활수급자다.

섬은 크게 두 구역으로 나뉘어 있다. 병원 직원 및 의료인들의 거주 구역과 한센병력자 거주 구역이다. 한센병력자는 한센병이 다 나아 완치된 사람들을 말하지만, 공식적으로는 소록도병원의 환자들이라고 할 수 있다. 이들 중에서 일반 질환이 생기게 되면 중앙동에 있는 소록도병원에서 진료를 받거나 입원을 하게 된다. 섬 전체가 하나의 병동처럼 관리되다 보니, 함부로 섬에 들어갈 수 없다. 사전 신고를 하고 허락을 받아야 한다.

우리 가족이 소록도와 처음 인연을 맺은 것은, 지금은 하늘나라로 떠난 아들이 초등학교 4학년이던 2007년이다. 자오나눔선교회대표 양미동 목사 주관으로 매년 8월 전국에서 모인 50~60여 명의 봉사자들이 소록도를 찾는다. 코로나가 창궐하던 4년 동안 소록도 방문이 금지된 때를 제외하곤 한 해도 거른 적이 없다. 섬에 들어가면 한센병력자들이 생활하는 마을로 들

어가 하룻밤을 보낸다. 우리가 매년 묵는 마을은 구북리로 주민 수가 13명 정도밖에 되지 않는다. 주민 수가 줄면서 마을이 소멸폐쇄 단계에 있다 보니 마을 어르신들이 느끼는 외로움이 해가 갈수록 커지는 것 같다. 우리의 봉사활동은 비교적 단순하다. 준비해간 음식을 함께 나누고, 한동안 부족하지 않을 정도로 반찬이나 부식 등도 만들어 드리고, 마당 풀베기도 돕는다. 하지만 어르신들이 가장 행복해하는 순간은 따로 있다. 오랜만에 다시 만난 반가운 얼굴들과 마주 앉아 도란도란 나누는 소소한 이야기다.

매년 소록도로 봉사활동을 떠난다고 하면 칭찬하시는 분들이 많지만, 사실 우리 가족은 '매우 이기적인 참여'를 하고 있을 뿐이다. 소록도로 향하는 배 안에서 가족이 더 돈독해지고, 마을 분들과 대화를 나누는 동안 우리도 위로를 받고 재충전을 하니 말이다. 봉사활동은 다른 사람을 돕는 게 아니라 누군가를 도우면서 내가 행복해지는 선순환이 아닐까.

큰아들을 먼저 보냈지만,
두 천사가 찾아왔다

2024.10.19

청년 시절, 아내와 한창 열애 중이던 어느 날 슬그머니 이런 말을 했다. '결혼하면 장애가 있는 아이를 입양하고 싶어. 다른 가정에 가지 못하는 아이를 데려와 잘 키워서 사회에 나가 당당하게 살게 하고 싶어.'

'왜 굳이 장애아를 입양하려고 하느냐?'고 묻는 이들이 적지 않았다. 딱히 분명한 답을 갖고 있지는 않았다. 특별히 생각해본 적이 없었으니까. 아마도 어릴 때부터 기독교 집안에서 자란 덕에 내겐 그저 아무렇지 않은 일이었던 것 같다.

그리고 결국 결혼 후 17년 만에 나는 이 소망을 이뤘다. 비록 장애 아이는 아니지만.

세상에서 무엇보다 소중한 두 아이를 품게 된 것은 약 10여 년 전이다. 결혼 후 서른한 살에 아들을, 그리고 2년 후 딸을 얻었다. 아이들이 어릴 때 아내에게 가끔 '장애아 입양'에 대한 얘기를 꺼냈다. 아이들에게는 '입양' 을 수긍할 수 있는 나이가 됐을 때인 중학교, 초등학교 시절 조심스럽게 운을 땠다. 동생이 생기는 일이니 함께 고민하고 결정해야 했기 때문이다.

몇 해를 고민한 끝에 아내는 따뜻하게 내 손을 잡아주었다. 장애아를 입양하게 되면 양육은 전적으로 아내의 몫이 될 텐데 그걸 알면서도 동의해준 아내가 한없이 고마웠다.

그러나 아이들의 동의를 얻는 것은 쉽지 않았다. '장애 아이'에 대한 벽은 아이들에게 너무 높았다. 매년 국내에서 입양되는 장애 아동 수가 열 손가락 안에 꼽힐 정도로 희귀한 게 우리나라의 현실이니 쉽지 않을 거라는 건 익히 짐작하고 있었다.

그래서 아이들을 믿고 몇 년 더 기다렸다. 그러다가 아이들이 '장애가 아닌 입양은 괜찮다'는 신호를 보내왔다. 하지만 나는 이때까지도 '사회에서 선뜻 선택받지 못하는 아이가 우리 가족이 되었으면 좋겠다'는 의지를 꺾지 않았다. 마냥 기다릴 수만은 없으니 장애시설을 혼자 알아보고 다녔다. 내 생각은 그랬지만 가족으로 함께 살아야 할 아이들이 아직 동의하지 않았는데 막무가내로 일을 진척시킬 수는 없었다. 또다시 조금 더 기다리기로 했다.

큰아들이 초등학교 4학년일 때부터 우리 가족은 매년 소록도로 봉사활동을 다녔다. 아들이 17살이던 2013년, 아내와 아이들만 보냈던 소록도 봉사에서 돌아오더니 아이들이 '장애 입양'을 받아들이겠다고 했다. 엄마와 어떤 얘기를 나눴는지 알 순 없었지만 뛸 듯이 기쁘고 아이들이 대견했다.

하지만 기쁨도 잠시, 하늘은 우리 가족에게 행복한 순간만 허락하지는 않았다. 오현고등학교 2학년이던 아들에게 갑자기 사고가 발생했다. 공부도 열심히 하고 수영선수로도 활동할 정도로 운동에도 소질이 있던 선한 아이였다. 그래도 아들은 중환자실에서 한 달여를 버텨주었다. 듣고 있을 거라 믿으며 아들에게 많은 이야기를 했다. 어쩌면 충격에 풍비박산이 날 뻔했던 우리 가족을 지켜 주려고 마음을 추스를 시간을 주었던 것이라 믿고 있다. 입양을 받아들이겠다고 말한 지 한 달 여 뒤였을까.

두 살 아래인 딸은 오빠의 죽음을 한동안 받아들이지 못했다. 아들을 잃은 슬픔을 가슴 한구석에 묻어둔 채 우리는 아들이 동의해준 입양을 유언이라고 억지 해석했다. 몇 달 뒤 입양을 진행했고, 아직 오빠를 잃은 슬픔에 힘들어하는 딸을 위해 장애 입양이 아닌 비장애아 입양을 선택했다.

하지만 아들을 떠나보낸 후 4개월이라는 시간은 슬픔에서 빠져나오기에는 충분치 않았나 보다. 입양 상담을 위해 찾아간 시설에서 아이들을 보는 순간 나와 아내는 쉼 없이 흘러내리는 눈물을 주체하지 못했다. 결국 시설에서 퇴짜를 맞고 또다시 1년 여가 흘렀다. 이번에는 제주가 아닌 육지에서 입양을 하기로 했다. 사전 상담을 통해 입양 의사를 분명히 전달하고, 필요한 절차를 진행하면서 아이를 기다렸다. 그해 크리스마스가 지나고 며칠 후 아이를 보러 오라는 연락이 왔다. 시설에서는 '와서 보겠느냐?'고 했지만 나는 '굳이 볼 필요가 있을까요? 그 아이가 제 아이입니다. 혈액형도 생김새도 유전적 배경도 알 필요 없습니다. 그리고 다른 아이는 보여주지 마십시오.'라는 부탁을 했다.

시설에서 만난 아이는 10개월 된 남자아이였다. 아이를 보고 있는데 방문 전 약속과 달리 선생님 한 분이 비슷한 또래의 남자아이 하나를 안고 왔다. 시설에서 둘이 워낙 서로 잘 지내는 사이인데 친구가 안 보인다고 보채서 어쩔 수 없이 데려왔다는 것이었다. 오로지 정해진 한 아이만 만나겠다고 신신당부를 했건만, 마치 아이들을 고르는 것 같은 느낌이 들게 만들어 버리는 원장님의 행동에 내심 불쾌한 기분이 들었는데, 이 녀석이 아내를 보더니 두 손을 번쩍 들며 안아 달라 했다. 아내는 그런 아이를 무심하게 지나치지 못했다. 두 아이를 본 후 제주로 돌아오니 고민이 깊어졌다. 아내는 느닷없이 둘 다 입양하자고 했지만, "우리 나이가 많고, 아이 입양을 마치 구제하듯, 자선하듯 해서는 안 된다"고 나는 단호히 선을 그었다.

얼마의 시간이 흐른 후, 어느 날 목사님이 나를 불렀다.

"아이를 낳는 건 여자입니다. 권사님 말씀을 들어주시는 게 어떨까요?"

나중에 솔직하게 털어놓으신 말씀이, 요양원 원장에 공무원인 아내와 딸 하나 있는 화목한 집안, 제주 토박이로 안정적인 가정이니 둘도 받아들일 것이라는 계산이 있었다고 하셨다. 임시 시설의 아이들은 1년이 지나면 보육시설로 옮겨져 입양 기회조차 쉽게 얻지 못한다. 그런 아이를 안타깝게 여긴 소장님의 '계획된 약속 위반'이었다.

아내의 결정을 따르기로 하고 입양재판을 시작했을 때 판사님께 탄원서를 썼다. '둘은 쌍둥이가 아니지만, 쌍둥이로 키우고 싶습니다.' 둘 중 한 아이는 생년월일이 분명했지만, 다른 한 아이는 태생 정보가 전혀 없었기에, 크게 진실을 가릴 일도 아니었다. 그렇게 쌍둥이가 된 두 아이가 우리에게 왔다. 현재 초등학교 6학년인 예준이와 예루다. 공개 입양이었기에, 두 아이도 자신들의 입양 사실을 잘 알고 있다.

열일곱에 하늘나라로 간 아들은 평생 내 가슴 한구석에 아픔으로 남아 있을 것이다. 그리고 입양으로 얻은 두 아들이 먼저 떠난 아들의 빈자리를 대신하는 것도 아니다. 먼저 보낸 아들도, 나중에 온 아들들도, 모두 각각 하나님이 보내 주신 천사들하보천이고, 우리에게 소중한 가족이다.

92세를 일기로 본향집 천국으로 돌아가신
어머니를 추모하며

2025.04.26.

올해 4월 17일, 어머니께서 92세실제는 1932년생를 일기로 본향집 천국으로 돌아가셨습니다. 사정상 일일이 부고를 알리지 않았습니다. 그럼에도 소식을 들으시고 문상을 와주신 분들께 개별적으로 감사 인사도 제대로 드리지 못했습니다. 너그러운 이해를 바라며, 어머님을 위해 기도해 주신 덕분에 슬픔을 견딜 수 있었음에 진심으로 감사를 드립니다. 불효의 죄스러움과 슬픔 속에서도 큰 위로가 되었고, 사랑하는 어머님을 믿음으로 천국에 잘 보내 드릴 수 있었습니다.

"인사 잘 허멍 댕기라."
"도투지 말앙 서로 잘 지내라."
"베풀멍 살라."
어머님의 평소 말씀이 유훈으로 남습니다.

고마우신 어머니 김명옥 집사님은 1932년에 대정읍 무릉리에서 부 김보하, 모 조성숙 태어나시고, 남편 송원선 님과 결혼하여 3남 3녀의 자녀를 두시고, 후손으로 38명을 사랑으로 품에 안으셨습니다. 1953년에 시집 전체가 기독교로 개종하면서 1958년에 세례를 받은 후 무릉교회를 평생 섬기셨습니다.

찬송가 28장 "복의 근원 강림하사~" 찬송을 입에 달고 행복하게 사시다가, 2025년 4월 17일 고난 주간에 남편과 모든 자녀가 보는 앞에서 하나님의 부르심에 따라 천국으로 가셨습니다. 슬프고 죄스럽고 마음이 아파서 눈물이 앞을 가렸지만, 천국에서 다시 만나 뵐 수 있다는 믿음을 가지고 천국 환송해 드렸습니다.

> *"어머니!*
> *아버지는 우리가 잘 모실 테니 걱정 마시고,*
> *하나님 나라에 평안히 가세요.*
> *고맙습니다.*
> *미안합니다.*
> *사랑합니다.^♡^"*

선하신 어머님께 받은 온전한 사랑으로, 소명의 소임을 충실히 수행하고, 주위를 잘 돌보면서 살아가도록 하겠습니다.

작년 이맘때 어간에, 어머님이 계셨던 요양원의 소식지에 실었던 글을 소환합니다.

요양원에 계실 때 아버지와 함께 찍은 마지막 사진이 그리움을 대신합니다.

사랑하는 나의 어머니께서 성지요양원에서 살고 있습니다.

성지요양원! 이름만 들어도 만감이 교차합니다.
자랑스럽고 고마운 이름입니다.
제주성지교회 성도님들의 귀한 마음이 모여 탄생했기에 비영리 재단법인의 주인이 있음에도, 누구나 주인이고 누구도 주인이 아닌 시설이지요.
다만 요양원에 오신 어르신들께만은 하나님의 사랑을 이웃 사랑의 정신으로 실천하고 보여 드려야 할 소명과 책임으로 대해야 하겠죠.
하나님의 이름을 걸고 시작했으니, 그분의 이름을 망령되이 일컫게 해서는 안 된다는 각오로 뭉쳐져 있습니다.

그래서 원장 노릇 8년!
오직 어르신! 존재의 이유도 어르신이었습니다.
전국 최고의 영양사님을 비롯한 최고의 요양보호사님, 간호사님, 치료사님, 사회복지사님, 조리사님, 위생사님 등 모든 직원과 후원자님들이 같은 곳을 함께 바라볼 수가 있었습니다. 그 수고로움에 훨씬 못 미치는 처우에도 우리 모두는 전국 최우수 요양기관의 타이틀을 받고 어르신들을 모셨습니다. 참 고마운 분들입니다. 성지요양원의 자랑스러운 이름은 선생님들의 헌신의 다른 이름입니다.

긴 기간이었지만, 지나고 나니 그저 몇 걸음 내디딘 것처럼 훌쩍 지나간 날들이었습니다. 또 다른 갈 길을 예비해 두신 걸 믿고 그만 떠나라는 뜻으로 알고서, 석별의 정도 제대로 나누지 못한 채 욕심처럼 사직을 했습니다.

혹 내가 원장으로 가지 않았더라면 어땠을까 돌이킬 수 없는 만약을 상상하기도 합니다. 있는 동안 감당할 수 없을 것 같았던 큰 상실의 아픔도 있었고 사람들에게 실망도 컸고 저 역시 실망을 드렸기 때문이기도 합니다. 그러함에도 제 나름의 소명의식과 책임감에 온 열정을 다 했던 곳이기도 했습니다.

그 요양원이 이제는 나의 어머니의 집이 되었습니다.
우리 성지요양원에서 역사하시는 하나님을 믿고 그 소명으로 헌신하며 최선을 다하시는 선생님들을 믿기에, 입소 대기까지 하면서 어머니를 부탁하게 되었습니다.

코로나19의 생채기가 지금도 남아 생활 양식을 바꿔 놓은 탓에 아직도 면회가 쉽지 않지만, 사랑하는 어머니께서 사시는 집이니 편히 드나들 수 있기를 바라고 있습니다.

70년을 함께 부부로 사셨던 남편을 고향 무릉집에 홀로 두시고 요양원에 별도의 집을 마련한 어머니입니다. 서로 자주 뵐 수 있도록 하고 싶은데, 치매 초기인 아버지께서도 당신의 몸이 불편하니 어머니가 본인 집으로 와야 한다며 요양원 면회 가는 것을 꺼리십니다. 하나님이 부르실 때까지는 나뉘지 말아야 하는데, 부부를 갈라놓은 것이 치매인지, 바쁘다는 핑계를 대는 불효자식의 합리화인지, 마음 아프고 죄송할 뿐입니다.

두 분은 같은 동네의 처녀, 총각으로 만나서 3남 3녀의 자식을 낳았습니다. 후손도 35명이나 됩니다. 6남매 중 큰딸이 70세이고 막둥이가 58살이니, 이제 같이 늙어가는 처지가 되어 버렸네요. 어머니, 아버지처럼만 늙어가면 좋겠습니다.

어머니는 지저분한 것을 싫어하시는 깔끔한 분이었습니다. 무서움도 많이 탑니다. 요즘 음식을 잘 못 드셔서, 연식을 드신다고 알고 있습니다. 아프시기 전 평소에는 음식을 가리지 않고 잘 드시는 편이었습니다. 신세 지는 것을 싫어하고 오히려 남을 도와주는 것을 좋아했습니다. 주위를 살피며 살던 믿음의 사람이었습니다.

치매 초기에는 환청으로 밤에 잠을 잘 자지 못하기도 했고, 작화作話도 했었습니다. 벌써 1년 반이 넘어갑니다만, 그러다 뇌졸중이 가볍게 왔는데, 그것을 늦게 확인하게 되면서 인지 능력이 크게 떨어졌고 움직임도 불편하게 되었습니다.

요양원에 가신 후 몸무게가 늘어난 것을 보면 잘 지내고 계신 것 같아 감사드립니다. 요양원에서 드리는 예배에 그저 참예만 할 수 있어도 고맙습니다. 더 나아져서……, 남편이 기다리는 고향집으로 다시 갈 수 있으면……. 그저 무심한 자식의 욕심임을 압니다만 여러 잔존 기능이 오래도록 유지 될 수만 있어도 족합니다. 선생님들의 수고로움이 없이 어찌 가능하겠습니까?

어머니를 비롯한 요양원 어르신들 모두는 젊은 날 모두 예쁘고 멋진 처녀, 총각이었고 당당한 사회인들이었습니다. 지금은 어느 누구도 예외일 수 없는 병약함과 노쇠함으로 최선을 다해 오늘을 살아가는 연약한 생명들입니다. 그분들의 버팀목이 되어주시는 여러분을 응원하며, 축복합니다. 곧 닥칠 우리의 미래가 바로 그 안에 있기 때문입니다.

_사랑스런 김명옥 어르신의 둘째 아들 송창권 올림

‘사람은 누구나 가르침을 받는다’
늘 고마운 스승님!

2025.05.15

매년 스승의날엔 자주 찾아뵙지 못하는 선생님들께 안부 인사를 드린다. 나의 성장 과정을 지켜봐 주신 고마우신 선생님들이다.

김형우 선생님은 무릉초등학교 시절 내게 태권도를 처음 가르쳐주셨다. 덕분에 나는 키가 작은 편이지만 기죽지 않고 지낼 수 있는 운동능력과 체력을 갖게 됐다. 선생님은 지금도 만나 뵈면 나를 초등학교 시절 별명인 ‘똥쌔기’라고 부르신다. 이미 육십을 넘긴 제자인데, 선생님께는 여전히 그 시절의 코흘리개인 모양이다.

무릉중학교 3학년 담임 선생님이셨던 조용옥 선생님은 사춘기 시절, 내가 엇나가지 않도록 중심을 잡아주신 분이다. 담당 과목은 수학이었는데, 붓글씨를 잘 쓰셨다. 지금도 제주한시회장을 하시며, 제주도에너지공사의 에너지지킴이 봉사활동을 하실 정도로 활력이 넘치신다.

오현고등학교 시절에는 1학년 담임 선생님인 양태윤 선생님과 2학년 담임 선생님인 손유원 선생님이 특히 기억에 남는다. 양태윤 선생님은 국

좌로부터 조용옥 선생님, 김영우 선생님, 고충석 총장님

어를 담당했는데, 시골인 무릉에서만 살다가 제주시로 처음 온 촌뜨기였던 나를 잘 이끌어 주셨다. 선생님은 제주대학교 동아리인 제주도문제연구회 선배님이시기도 하다. 그리고 손유원 선생님은 학창 시절에는 선생님의 눈길에서 약간 벗어나 있었지만, 사회활동을 하는 동안 공사의 일로 자주 뵙게 돼 더 많은 지도를 받고 있는 분이다. 그래서 한 번 선생님은 영원한 선생님일 수밖에 없는 모양이다.

제주대 행정학과 고충석 교수님은 학창 시절보다 졸업 이후, 그리고 정치에 뛰어든 지금 더 많은 격려를 해주시며 지방정치인의 자세와 활동을 지지해주시는 분이다. 90년대 초반 나는 서울 신림동 고시촌에서 행정고시를 준비하던 가난한 고시생이었다. 대학은 이미 졸업을 했는데, 교수님은 '행시 1차를 세 번이나 합격한 녀석이니 싹수가 보인다'며 대외장학금을 연계해 주셨다. 그런 교수님의 지원에도 불구하고 기대에 미치지 못한 채 결국 행시를 포기하고 제주퍼블릭웰이라는 미약한 공직자복지기업을 설립했는데, 그런 내게 교수님은 개업식에 오셔서 축사와 격려사를 해주셨다.

이렇게나 좋은 선생님들께 배운 나는 참 복이 많은 사람이다.

가르침이 없는 배움이 과연 존재할 수 있을까? 사람이 태어나 가장 먼저 가르침을 받는 분은 부모님이다. 하지만 나이를 먹으면서 주변으로부터 많은 가르침을 받는다. 고향인 대정 무릉마을의 어르신들, 신앙의 바탕을 가르쳐주신 교회학교 선생님과 목사님들, 그리고 학교 선생님들. 사람은 누구에게나 가르침을 받는다. 나 또한 다른 누군가에게 가르침을 줄 수 있는 사람이 될 수 있도록 더 많은 소양과 덕을 쌓아야 할 것 같다.

교육위원회 자원,
서부중학교 꼭 신설하겠다!

2022.01.10

제주특별자치도에는 특별한 상임위원회가 하나 있다.

교육의원들이 주로 참여하는 교육위원회다. 교육의원은 전국의 다른 지방의회에는 없고, 유일하게 제주도에만 존재하는 의원이다. 2010년 지방자치법이 개정되면서 2014년 제6회 동시 지방선거부터 전국 모든 지역에서 교육의원을 선출하지 않고 있기 때문이다.

그런데 왜 제주도에만 왜 이 교육의원이 남아 있을까? 제주도의 경우 2006년 제주특별자치도가 출범하면서 발효된 제주특별법에 교육의원 제도가 여전히 명시돼 있기 때문이다. 지난 2022년에야 제주에만 적용되던 교육의원 제도의 폐지를 포함한 제주특별법 개정이 이뤄지면서 교육의원 제도는 2026년 6월 30일을 끝으로 역사 속으로 사라질 예정이다.

제주도만의 이러한 특수성은 갖가지 부작용도 불러일으켰다. 교육의원 제도의 본래 취지는 교육 자치와 전문성을 고려하자는 것이었는데, 정작 도민들은 교육의원에 대해 관심이 없고, 2018년 지방선거 때는 교육의원

선거구 5곳 중 4곳에서 무투표 당선자가 나오기까지 했다. 사정이 이렇다 보니 '교육의원이 과연 필요한가?'라는 실효성 논란부터 '교육의원이 교원 출신 인사들의 밥그릇'이라는 주장까지 온갖 좋지 않은 얘기들이 난무했다.

이 때문에 제주도의회 상임위인 교육위원회는 일반 의원들이 배정을 달가워하지 않는 상임위가 됐다. 하지만 나는 제주도의회 의원으로서 첫 임기를 시작하며 교육위원회 배정을 자원했다.

2년간 활동할 교육위원회에 자원하며 일하고 싶은 내용으로 10가지를 얘기했는데, 그중에서 가장 강조한 것은 지역민들의 숙원인 (가칭)서부중학교 신설을 구체화하는 것이었다.

외도동 지역은 최근 인구 급증으로 인해 인구밀도가 높아졌는데, 제주시에서 유일하게 중학교가 없다. 그래서 아이들은 지난 20년 동안 버스나 자가용을 타고 인근 노형동이나 연동 주변 중학교로 통학을 해야 했다. 사실 서부중학교 신설 논의가 시작된 것은 오래 전부터였다. 처음 논의가 시작될 때 개교 목표는 2020년이었다. 하지만 사유지를 학교 부지로 매입하다 보니 진척이 더뎠다.

내가 도의원에 입성한 게 2018년이니, 2년간 교육위원회에서 열심히 활동하면 계획대로 학교가 개교할 수 있지 않을까 내심 기대가 컸다. 하지만 기대와 달리 부지 매입이 100% 완료돼 착공에 들어갈 수 있게 된 때가 2023년이다. 그동안 다른 변수가 또 생겨 올해 11월에야 착공에 들어가면서 2027년 개교를 목표로 하게 되었다. 그러니 당초 계획보다 7년이나 늦춰진 셈이다. 하지만 '서부중학교 신설' 확정이라는 결실을 얻어낸 것은 잘한 일이라 자부하고 있다. 모든 게 그렇듯 거저 되는 것은 없다.

그동안 많은 이들이 함께해 준 결과였다.

물론 서부중학교 신설이 교육위원회를 지원한 유일한 이유는 아니다. 소규모 학교와 읍면 지역 학교의 학습 환경 개선, 유아교육의 공교육화와 의무교육화, 항공기 소음피해 지역 학교 지원, 학교 운영위원회의 정상적 운영, 교사·관료·성적 중심이 아닌 교육 중심 교육행정체제 구축, 교육복지 개념의 인식과 안착, 반편견 교육 정착, 교육과 행정의 협치, 폐교 활용 방안 모색 등 10가지 주요 목표를 세워 교육의원으로 활동했다. 다행히 소기의 성과를 거둔 게 적지 않다. 여기까지 함께해 주신 모든 분들께 감사드린다.

'재선은 없다'는 징크스 깨고
도의회에 다시 입성하다

2022.06.03

외도동, 도두동, 이호동은 1991년부터 2018년까지 치러진 여덟 번의 도의회 선거에서 지금까지 단 한 번도 재선을 허락하지 않은 곳이다. 그런데 지난 2022년 선거에서 지역민들은 그 징크스를 깨고 내게 또다시 기회를 주었다.

4년이라는 시간은 언뜻 보기에 길어 보이지만, 산적한 지역 현안을 해결하기에는 턱없이 부족한 시간이다. 그래서 내심 지난 임기에 시작한 일들을 다음에도 이어서 계속할 수 있기를 바랐다.

4년간 의정활동을 했음에도 불구하고 외도동, 도두동, 이호동 세 곳은 풀어야 할 묵은 현안들이 산적해 있었기 때문이다. 공항 소음 관련 피해 지원, 제주 공공하수처리시설 현대화, (가칭)서부중학교 2024년 3월 개교 목표 실현 등 몇 년 이상을 끌어온 굵직한 사안들이 그것이다. 이뿐 아니라 4년간 의정활동을 하면서 살펴보니 짧은 시간 안에 해결 가능한 사안들도 눈에 들어왔다. 서부지역 복합체육관 개관, 반려동물 복지문화센터

신설, 가축분뇨와 악취 문제 강화책과 조례 전면개정 등이 그것이다.

공항 소음 관련 피해 지원은 2020년 〈제주특별자치도 공항소음대책지역 등의 주민에 대한 지원조례〉 일부개정안이 도의회에서 통과돼 어느 정도 지원책이 마련됐지만 여전히 부족한 점이 많다. 총 사업비 4309억 원이 투입되는 대규모 프로젝트인 제주공공하수처리시설 현대화 사업은 다행히도 2024년 전체적인 윤곽이 확정돼 2028년 1월 준공을 목표하고 있다.

가장 안타까운 것은 지역민들의 20년 숙원사업인 (가칭)서부중학교의 신설이 늦어지고 있다는 점이다. 제11대 도의회에서 어떻게든 가시적인 성과를 내기 위해 교육위원회를 자원해 가장 열심히 뛰었던 사안이었다. 사실 2022년 재선에 도전할 때만 해도 서부중학교의 공식 개교 시점은 2024년 3월이었다. 시간이 오래 걸린 부지매입이 100% 완료됐고, 설계 공모까지 끝났기에 순조롭게 진척이 되나 싶었는데, 문화재 조사 결과

탐라시대 유물이 발견되는 바람에 2027년 3월로 개교 일정이 연기되었다. 2024년부터는 걸어서, 또는 자전거를 타고 학교를 다닐 수 있으리라 기대했던 800여 명의 학생과 학부모들에게 한없이 미안했다.

그럼에도 불구하고 지역민들은 재선 도의원을 단 한 번도 허락하지 않던 징크스를 깨고 '좋다. 송창권!', '일 잘한다고 했으니, 한 번 더 믿어보자'며 표를 모아 주셨다.

논어와 목민심서에 이런 말이 있다. '불환빈 환불균'不患貧 患不均. '사람들은 가난을 걱정하기보다, 불공정한 것을 걱정한다.'는 의미다. '즐거워하는 자들과 함께 즐거워하고, 우는 자들과 함께 울라'는 잠언처럼 지역민들과 서로 인정하고 존중하면서 함께 어우러지는 게 무엇보다 중요하지만, 그에 앞서 '불공정이 없도록' 하는 게 정치인의 가장 중요한 역할이 아닐까.

환경도시위원회 위원장으로
지난 4년을 돌아보다

2022.07.28

환경도시위원회환도위는 의정활동을 하면서 4년간 몸담은 곳이다. 2018년 11대 의회 전반기 교육위원회 활동을 마치고 후반기 2년, 그리고 제12대 도의회 전반기 2년을 환도위에서 보냈다.

제11대 도의회 임기가 끝나고, 지역 주민들 덕분에 제12대 도의회에 입성하자 사실 다른 어느 상임위보다 환경도시위원회 위원장직을 맡아보고 싶었다. 위원은 안건에 따라 자신의 주장만 내세워도 되지만 위원장은 다양한 의견을 조정하고 조력하는 역할을 해야 하니 중재자로서 또 다른 경험을 쌓을 수 있지 않을까 하는 기대감에서였다.

환경도시위원회는 명칭 그대로 '환경보존'과 '개발'이라는, 서로 양립하기 어려운 두 가치의 균형을 어떻게 맞출 것인가를 고민하는 곳이다. 제주도민들의 삶과 직접적으로 연관돼 있는 환경보전, 지하수 관리, 도시계획, 폐기물, 상하수도, 교통 등 거의 모든 분야를 다루는데, 대부분의 현안들이 지극히 민감하다. 제주의 생명수인 지하수는 어떻게 관리할지,

환경기초시설에 대한 지역 마을의 님비현상으로 빚어지는 갈등은 어떻게 극복할지, 유네스코 3관왕에 빛나는 제주의 자연환경을 어떻게 보전해 나가는 게 맞는 방식인지, 그러면서 지역의 균형적 개발은 또 어떻게 해내야 할지 등 거의 모든 현안에 '대립'이라는 두 글자가 있다.

이처럼 상충되는 지점이 많기 때문에 육지 지방자치단체들의 경우 환경위원회와 도시위원회를 별개로 운영하는 경우가 많다. 하지만 제주도는 '환경 가치가 곧 제주의 가치에 비례한다'는 고유의 특수성을 가진 섬이다. 그래서 도시를 만드는 일도 '환경에 대해 지속가능한 청정 제주'라는 가치가 늘 밑바탕에 깔려야 한다.

2022년 6월, 제12대 환경도시위원회 위원장직을 내려놓으며 지난 4년을 돌아봤다. 위원일 때, 그리고 위원장일 때 내 역할에 충실했는지 곰곰이 생각해본 것이다. 여러 사안들이 있었지만 가장 기억에 남는 현안으로는 두 가지 정도를 꼽을 수 있을 것 같다. 제주공공하수처리시설 현대화 사업과 제2공항 관련 이슈다.

제주공공하수처리시설 현대화 사업은 환도위의 시급한 현안이기도 했지만 내 지역구 일이기도 해서 특히 더 많이 신경을 썼었다. 도두동에 자리한 공공하수처리장 시설이 이미 노후화되고 실제 처리량도 적정가동량을 초과하다 보니 악취까지 발생하면서 증설 계획이 수립된 것이다. 수십 년간 공공하수처리시설로 인한 불편함을 참아온 지역민들에게 또다시 참아달라고 요청을 해야 하는 상황이 된 것이다. 다행히 도두동 주민들이 통 큰 결단을 해주셔서 공공하수처리시설 증설 사업은 예정대로 원만하게 진행 중이다. 그런데 만약 도두동 주민들이 공공하수처리장 증설을 반대하면서 다른 곳으로 이전하라고 목소리를 높였다면 과연 '님비'라고만 치부할 수 있을까? 한 번쯤 상대의 입장에서 곰곰이 생각해볼 일이다. 그래서 사회적 제약을 넘는 특별한 희생을 하는 경우에 그리고 그 결과 다수가 이익을 얻는 경우에는 특별한 보상이 반드시 이뤄져야만 한다.

제2공항 관련 이슈는 위원장을 맡기 전인 제11대 환도위 때 일이다. 제2공항 이슈는 사실 도민들이 언제라도 갈등으로 치달을 수 있을 정도로 '제주의 화약고'나 다름없기에 개인적인 입장 표명은 한 번도 하지 않았었다. 그러던 중 '제2공항 반대'가 '찬성'보다 높다는 도민 여론조사 결과가 발표되었다. 이 결과에 대해 '도민들의 뜻을 존중해야 한다'는 생각을 말한 적이 있다. 한동안 지역구 주민들에게 섭섭한 말씀을 들어야 했다. 사실 내 지역구인 외도동, 이호동, 도두동 세 곳은 공항 소음으로 인해 직접적으로 피해를 받는 지역이다. 그 고통은 겪어보지 않고는 이해하지 못한다. 충분히 공감하고도 남는다. 그렇다고 하더라도, 도민들에 의해 밝혀지고 확인된 의견은 충분히 존중해야 하지 않을까 싶다.

환도위 위원장을 맡는 동안 처리하는 사안들마다 깊은 고민을 하지 않은 게 없었다. 오름, 곶자왈, 습지 등 제주의 주요 환경 자산의 가치를 지켜내고, 그러면서도 한편으로는 도민들의 공감대도 끌어내야 하기에, 아마도 늘 외줄 위에 올라서 있었던 것 같다.

민주평화통일자문회의 자문위원을
사퇴한 이유

2024.07.24

2024년 7월, 탈북 외교관으로 제21대 국회의원을 지낸 태영호가 민주평화통일자문회의 사무처장에 임명되자 제주도민들은 분노했다.

> "제주 4.3 망언 태영호는 민주평통 사무처장직에서 스스로 물러나라. 태영호는 과거 4.3에 대해 '명백히 북한 김일성의 지시에 의해 촉발했다'는 터무니없는 발언으로 4.3을 왜곡하고 폄훼했다. 또한 현재 4.3에 대한 허위사실로 재판을 받고 있음에도 불구하고 단 한 번도 사과하지 않았다"
> _제주대학교 학생회

> "제주 4.3을 왜곡 폄훼하여 제주도민에게 지탄을 받아온 태영호를 윤석열 정부가 민주평통 사무처장으로 임명한 것에 대해 강력 항의의 뜻으로 자문위원을 사퇴한다"
> _제주지역 자문위원 8명

"천박한 역사의식으로 제주 4.3 유족과 제주도민들에게 망발을 한 이런
자의 사무처장 임명을 인정할 수 없다."
_제주도의회 더불어민주당 도의원 일동

제주 4.3에 대해 왜곡된 역사인식을 갖고 있는 자가 평화와 상생을 담아
내야 할 기구인 민주평화통일자문회의 사무처장이라니, 뉴스를 보자마
자 속에서 욕지기가 올라왔다.

민주평화통일자문회의는 대통령의 자문기구로 남북관계를 다루는 헌법
기관이다. '평화통일정책의 수립에 관한 대통령의 자문에 응하기 위하
여 민주평화통일자문회의를 둘 수 있다'는 헌법 제92조에 근거해 1981년
'통일주체국민회의'라는 명칭으로 설립되었고, 1987년 현재의 명칭으로
변경되었다. 기관의 의장은 현직 대통령이고, 실무를 수행하는 최고위직
은 수석부의장과 사무처장이다. 의장이 현직 대통령이라 수석부의장은
부총리급, 사무처장은 차관급 정도에 해당하는 것으로 알려져 있기도 하
다. 조직은 운영위원회, 상임위원회, 분과위원회 등과 더불어 각 지역별
로 지역회의와 지역협의회 등이 있는데, 지방의회의 도의원들은 당연직
으로 자문위원에 이름이 올라간다.

그래서 제주도의회 더불어민주당 의원 몇 분이 태영호가 민주평화통일
자문회의 사무처장으로 임명됐다는 소식이 전해지자 사퇴를 결의했다.

민주평화통일자문회의는 이때 사무처장직이 6개월간 공석 상태였다. 석
동현 전임 사무처장이 총선 출마를 위해 사퇴하자 공백이 생긴 것이다.
그런데 그 자리에 태영호를 앉혔다. 제21대 총선에서 국민의 힘 텃밭인
서울 강남구갑 국회의원으로 당선됐지만 제22대 총선에서 지역구를 바

Provincial Council
제주특별자
사직서
제주특별자치도의회

꿔 출마했다가 낙선한 인물. 아마도 달래기용이나 입막음용의 인사였을 게다.

하지만 민주평화통일자문회의는 우리 역사의 소원이자 민족의 간절한 바람인 통일을 다루는 대통령 자문기구다. '통일'이라는 단어에는 '상대가 있어서 서로의 상황을 살피며 합리적으로 인내심 있게 이끌어야 한다'는 점이 내포돼 있다. 그런 기구에 진정한 자유와 평화, 그리고 평등을 체화하지도 못한 자를 앉히다니 분노로 피가 거꾸로 솟을 지경이었다.

다행히 6.3 대선으로 정권이 바뀐 후 태영호는 7월 11일 사무처장에서 물러났지만, 1년여 동안 그 자리를 지키고 있었다. 그 시간 동안 우리나라의 평화통일에 깨알만큼이라도 진전이 있었는지 묻고 싶다. 불편한 진실이기는 하지만 보은 인사나 입막음용 인사는 어느 정권에서나 존재한다. 하지만 그렇다 해도 최소한 특정 기관과 어느 정도의 교차점은 찾을 수 있는 인물에게 자리를 내어주어야 마땅할 것이다.

제주도의회 원내대표 선출,
기쁘면서도 어깨가 무겁다

2025.07.04

2025년 6월, 제12대 제주특별자치도의회 더불어민주당 교섭단체 4기 원내대표로 선출되었다.

의원 27명으로 구성된 작은 지방 정치 조직인 도의회지만 원내대표라는 직함에 대해 이상하리만치 예전부터 강렬한 로망 같은 게 있었다. 2018년 처음으로 도의원이 되기도 전부터 말이다.

물론 개인적인 욕심도 없다고 할 수는 없다. 하지만 그보다는 제주도의회에서 우리 당의 의원들을 대표해 의회 내에서 소통하고 당론을 모아 정책에 반영될 수 있도록 함으로써 지방 정치의 효능감을 도민들이 직접 체감할 수 있게 하고 싶었다. 의회 내에서 여당과 야당은 끊임없이 경쟁 구도를 형성할 수밖에 없지만, 그 속에서 협상을 이끌어 내 궁극적으로 정책을 실현하는 것. 그것이야말로 정치인의 보람이 아닌가.

두 번째 임기 4년의 마지막 해에 맡게 된 원내대표라 한편으로는 기쁘면서도 한편으로는 막중한 책임감이 느껴진다. 욕심이 앞선 나머지 내년

선거에 방해가 되어서도 안 되고, 그렇다고 해서 여전히 할 일 많은 제주에서 눈치나 보며 주저해서도 안 될 것이다.

올해로 우리나라의 지방자치는 30년을 맞았다. 원내대표로서 지방자치 분권의 의미와 가치를 분명히 하고, 이재명 국민주권정부에 발맞춰 제주의 지방정치가 도민들의 삶에 실질적인 도움이 될 수 있도록 노력할 것이다. 도의회 운영을 맡겨 주신 기간 동안 도민의 선량인 의원님들을 존중하고 응원하는 것이 도의회 의원들을 선출해주신 도민들에 대한 예의라고 여기기 때문이다.

그래서 몇 회라고 정확히 얘기할 수는 없지만 최대한 지역 현장에서 의총을 열고, 오영훈 도정과도 수시로 당정 정책간담회를 개최해 현장의 목소리가 도 정책에 반영되도록 할 예정이다. 특히 민주당 도의원들의 역량과 실력, 그리고 성과를 적극적으로 알릴 계획이다. 물론 더불어민주당 원내대표로서 타 교섭단체와의 원활한 소통과 타협도 게을리하지 않을 것이다. 그래야 도민의 행복지수가 조금이라도 올라갈 테니까.

지난 7월 17일, 제주시민속오일시장에서 진행한 첫 민생 간담회는 이런 의지로 현장을 찾은 것이다, 현장 속에서 만난 모든 분들은 1시간이 훌쩍 넘는 시간 동안 진솔한 이야기들을 쏟아냈다. 민생 중심의 실천적 의정활동이 도민들의 삶에 직접적으로 와 닿을 수 있도록 원내대표를 하는 동안 끊임없이 현장 속으로 들어가리라.

2

함께 웃고 함께 운
8년 간의 의정활동

서부중학교 신설,
20년 염원이 결실을 맺다

2023. 7. 24

드디어 가칭 서부중학교_{외도중} 신축부지의 토지 약 7,800평 전부를 약 105억 원에 매입하게 되었습니다. 덩실덩실 춤이라도 추고 싶습니다.

그동안 말만 무성할 뿐, 토지 매입이 늦어지면서 개교 예상 시기도 점점 늦어지게 되어버렸습니다. 해당 아이들과 학부모에게 거짓말쟁이가 되어 버린 꼴입니다. 너무 죄송했습니다.

그렇지만 이제라도 예정부지를 100% 매입하게 되었습니다. 어찌나 기쁜지요! 6년여의 체증이 뻥 뚫리는 듯합니다.

그동안 중학교 유치를 위해 애쓰신 분들이 생각났습니다. 이광호 전前외도중 유치추진위원장을 만났습니다. 토지 매입이 완료되었다고 말씀을 드렸습니다. 그동안의 수고 덕분이라며 늦어서 죄송하다고 말씀드렸습니다. 강창석 전 사무국장, 전 추진위원들께도 감사 전화를 드리고 늦어진 것에 대해 사과를 드렸습니다.

외도초 송영휘 운영위원장과 위원, 윤은경 학부모회장과 임원, 유양희

전 운영위원장, 도평초 고정철 운영위원장과 박영미 전 학부모회장과 임원들께도 전화를 드렸습니다. 늦어지는 것 때문에 같이 욕을 들으며, 괜히 눈치를 받았던 여러 고마운 분들에게도 일일이 전화를 드렸습니다. 늘 부담이고 죄송했었는데, 무거운 짐을 내려놓은 홀가분함을 느꼈습니다.

김광수 교육감님과 교육청 강동선 행정국장을 비롯한 여러 관계자분께도 애씀과 수고에 고마움을 전하며, 끝까지 함께 잘해 보자고 서로를 격려했습니다.

특히 토지주와 아드님께도 감사를 드렸습니다. 큰 결단을 해 주신 것에 대해 진심으로 감사를 드립니다.

이제부터 다시 시작입니다. 앞으로 실제 개교를 할 때까지 해야 할 일이 많습니다. 유물 발굴이 먼저 잘 이뤄져야 하고, 안전한 통학로 확보를 위해서 진입로 도로 확장 공사와 학교 정문까지 버스가 들어가도록 사전에 준비해 놓아야 할 것입니다.

학교 건물도 사각형 교도소 같은 교사가 아니라, 멋진 디자인으로 아이들의 집, 쉼터, 학습터, 놀이터 등이 되도록 해야 하리라 봅니다. 수영장도 만들고 체육시설도 부족함이 없도록 해야 하겠습니다.

빠르면 2026년 3월, 늦어도 2027년 3월에는 개교가 되도록 도교육청의 모든 행정력을 총동원해 나가야 하겠습니다.

2018년 7월 처음 도의원에 당선되어 의정활동을 하면서부터, 교육위원회 상임위에 자원하여 들어가서 외도중 신설 추진에 집중해 왔었습니다. 남은 의정활동도 결자해지 정신으로 정상적인 개교가 되도록 온 열정을 다하겠습니다.

조용히 학교 예정지를 찾았습니다. 만감이 교차했습니다. 이석문 전 교육감과 함께 현장에 왔었던 기억도 났습니다.

외도 지역의 20여 년 묵은 숙제를 이제야 가시적으로 풀어나가게 되었습니다. 끝까지 잘 완수토록 하겠습니다. 다시 한 번 기다렸던 모든 분들께 미안하다는 말씀과 감사의 인사를 드립니다.

공항 소음 피해,
상생을 위한 고통 분담은 어디까지인가?

2024.03.23

제주공항은 첨두시간尖頭時間, 수요량이 최대 수치를 보이는 시간일 때는 약 2분 간격으로 비행기가 뜨고 내린다.

연간 1300만~1500만 명에 달하는 관광객과 도민들을 실어 날라야 하니 바쁠 수밖에 없는 공항이다.

하지만 공항 주변에 사는 이들에겐 비행기의 뜨고 내림이 고문이나 마찬가지다.

외도동, 이호동, 도두동, 용담동, 노형동 일부, 그리고 애월읍 일부까지 약 2,200여 명에 더해 인근 지역 주민까지 합하면 약 6,600여 명이 비행기 소음으로 몸살을 앓고 있다.

제주공항 주변 마을들의 소음 피해는 공항의 태생적 한계에서 비롯된 것이다. 제주공항은 일제강점기인 1942년 일본군이 '정뜨르비행장'이란 명칭으로 건립했다. 이때 일본군은 자연 부락을 강제로 이주시키고 대지와 전답을 수용해 공항을 지었다. 이 공항이 확장돼 1968년 8월 7일, '제주국제공항’이라는 명칭으로 지금까지 이어져오고 있으니 인근 지역 주민들은 늘 온갖 소음과 먼지, 악취, 진동 등에 시달려야 했다.

일례로 도두동과 이호동 아이들이 다니는 도리초등학교는 제주국제공항 활주로와의 거리가 불과 150m밖에 되지 않는다. 도리초등학교가 설립된 후 제주공항 확장 공사가 진행되면서 초등학교가 항공소음 제3종 가구역에 편입돼버렸기 때문이다. 비행기 이착륙 시의 소음, 분진, 그리고 타이어 마모로 발생하는 악취, 진동 등으로 아이들이 받는 피해는 상상을 뛰어넘는다. 수업 중 교실 내에서의 피해도 피해지만, 야외 운동장에서는 정상적인 체육활동이 거의 불가능하다. 15개 학급, 320여 명의 학생들이 날씨와 무관하게 언제든 이용할 수 있는 학교 체육관 재건축이 시급한 이유이다.

공항이 위치한 지역에 살고 있으니 그로 인해 피해를 입는 사람들이 있다면 적정한 지원이 이루어져야 한다. ‘공동체의 기본 정신은 이익은 공유하고 고통은 분담’하는 것이기 때문이다. 이는 ‘지역 이기주의’가 아니라 함께 살아가기 위한 최소한의 원칙이다. 제주공항 인근 지역 주민들이 입는 피해에 대한 지원이 더 적극적으로 이뤄져야 하는 이유다.

다행히 행정에서도 이 문제를 외면하지만은 않았다. 2020년 내가 대표 발의한 〈제주특별자치도 공항소음대책지역 등의 주민에 대한 지원조례〉가 일부 개정돼 공항 주변에 거주하는 주민들에게 제주공항이용료와 방음도서관 운영비를 지원하고 있다. 또 도지사 자문기구로 〈소음대책지역 발전협의회와 분과위원회〉 법정기구도 신설되었다. 원칙적으로는 공항소음을 유발하고 공항이용료를 받는 당사자인 한국공항공사가 처리해야 하지만, 수십 년의 주장에도 불구하고 변하는 것이 없기에 전국 15개

공항소음 피해 주민 보호와
합리적 지원 방안 모색을 위한 토론회
박서윤
신향식
김택주
송창권
고충민
김윤경

공항 중 최초로 제주도에서만 이처럼 최소한의 대책을 도입하였다. 하지만 이것만으로는 부족하다. 한국공항공사와 제주도가 협업해 소위 커퓨라고 하는 야간비행 제한 시간23시~06시을 명문화할 필요가 있다. 현재 제주공항이 자체적으로 밤 23시~오전 6시 항공편을 제한하고는 있지만 규정으로 명시되어 있지 않다. 공항 인근 지역에 거주하는 주민들이 최소한 편안한 밤이라도 보낼 권리를 찾아주어야 한다.

'제주 공공하수처리시설',
환경시설 선진 견학지가 되길!

2024.06.01

우리 삶에 없어서는 안 되는 불가피한 시설이지만, 혐오시설이라는 이유로 기피되는 시설들이 있다. 최근 몇 년 동안 제주도의 최대 이슈 중 하나로 떠오른 공공하수처리시설도 그중 하나다.

제주도에는 현재 8개의 하수처리시설이 있는데, 5개는 서귀포시에 분산돼 있고 제주시에 3개가 집중돼 있다. 서귀포시 인구는 19만여 명, 제주시 인구는 50만여 명에 달하는데 불균형적으로 하수처리시설이 가동되고 있는 것이다. 더욱이 도두동에 위치한 제주 공공하수처리시설은 일일 처리량이 13만 톤밖에 되지 않아 지난 2016년에는 처리되지 않은 오수가 방류되는 사건이 발생하면서 큰 충격을 안겨주었다. 이후에도 비가 많이 올 때면 유입량이 급격히 증가해 방류수 수질이 기준치를 초과하는 사례가 빈번히 발생하면서, 환경 오염 우려가 제기되었다. 그도 그럴 것이 도두동의 제주 공공하수처리시설은 1993년에 설치된 것이다. 건설 당시에는 고효율 기자재도 없었고, 자동화된 운영시스템도 갖춰지지 않았다. 당연히 전력 효율은 저하되고, 운영비는 계속 증가할 수밖에 없다. 수질 기준도 초과되어 이로 인한 악취로 인근 지역 주민들이 고통을 호소한 지 오래다.

그렇게 오명을 뒤집어쓴 도두동의 제주 공공하수처리시설이 올해 새롭게 태어나게 되었다. 시설을 증설해 일 처리량을 기존 처리 용량 대비 69% 증가한 22만 톤 규모로 늘린 것이다. 2027년 시설물 완공과 시운전 등을 거쳐 2028년 1월 최종 준공될 예정이다.

그런데 이번에 새롭게 탄생할 제주 공공하수처리시설은 이전과는 완전히 다른 새로운 면모를 갖출 예정이어서 벌써부터 기대가 된다. 총 사업비 4309억 원국비 2015억 원, 지방비 2294억 원이 투입되는 대규모 프로젝트인 만큼 외형적으로도 대대적인 변화를 꾀해 하수처리시설을 지하에 준공하기로 한 것이다. 그리고 지상 공간에는 체육시설과 캠핑장, 생태공원 등을 조성하고, 전망대도 설치할 예정이다. 전망대에 올라서면 제주국제공항을 한눈에 조망할 수 있다.

누구나 기피하는 혐오시설이 아니라 바다 경관을 품은 에코 스포츠·생태공원으로 탈바꿈하는 것이다. 아마도 시설이 완공되면, 전국에서 벤치마킹을 위해 도두동을 찾게 되지 않을까?

이러한 제주 공공하수처리시설의 대규모 증설은 공동체에 대한 책무를 저버리지 않은 도두동 주민들의 희생정신과 결단이 없었다면 쉽지 않았을 것이다.

나 역시 제주 전역의 공공하수처리시설 현황을 파악하기 위해 의정활동 기간 동안 온전히 4일의 시간을 내어 도내 8개 지역제주(도두), 서부(판포), 대정, 동부(월정), 색달, 남원, 보목, 성산 등에 분포한 공공하수처리시설을 직접 방문했었다. 하수처리장이 위치한 지역의 주민들을 직접 만나 그들이 겪는 어려움과 원하는 보상책을 들어보기 위함이었다. 누군가의 희생이 불가피하게 따라야 한다면 그에 맞는 적정한 보상도 필요하기 때문이다. 제주 공공하수처리시설 현대화 사업을 기꺼이 허락해준 도두동 주민들에게 늘 고맙고 미안한 마음이다.

마을의 숨결을 다시 잇다,
도시재생사업

2025.04.11

푸른 바다와 신선한 바람, 신비로운 자연을 품은 섬 '제주'. 하지만 아름다운 풍광 너머에는 도시가 확장되면서 때로는 고립되고, 때로는 잊힌 오래된 마을들이 있다.

특히 나의 지역구인 외도동·도두동·이호동은 3개의 행정 동이지만, 각각의 동은 여러 개의 자연마을로 구성되어 있다. '자연마을'은 오래 전부터 형성된 마을로, 외도동은 7개의 자연마을을, 이호동과 도두동은 각각 5개의 자연마을을 묶어 행정 동 지역으로 바꾼 것이다. 그러다 보니 구불구불한 도로 사정, 취약한 기반시설 등이 골칫거리로 등장했다.

그래서 이 세 지역의 숙원사업 중 하나가 '도시재생사업'이다. 외도동의 경우 외형적으로는 신도시처럼 보이지만 중심 지역을 제외하면 자연마을의 특성이 고스란히 남아 있다. 소방차 한 대조차 제대로 지나가기 어려울 정도로 마을 안길이 이어져 있고, 공영주차장은 고사하고 공원이나 아이들 놀이터조차 제대로 마련돼 있지 않다.

그래서 세 지역이 각각 '도시재생사업'을 진행 중이다. 마을의 기반시설이 열악하고, 노후화되거나 불량 건축물이 밀집한 지역의 기반시설을 정비해 '주거 생활의 질을 높이기 위함'이다.

세 지역 중 가장 먼저 도시재생사업을 완료한 곳은 이호동이다. 지난 2019년부터 2021년까지 이호 오도2지구를 대상으로 셉테드CPTED; 범죄예방 환경설계와 유니버설디자인UD; 안전하고 쾌적한 이용환경 설계이 적용된 도시계획도로 3개 노선이 개설되었고, CCTV와 가로등 등이 추가로 설치되었다. 사업이 완료된 덕에 주변 지역의 교통 여건이 개선되었고, 골목길을 지날 때도 안심할 수 있게 되었다.

외도동에서는 '내도지구 주거환경개선사업'과 '외도-하귀간 도시활력 증진사업' 두 사업이, 도두동은 도두지구도두1동마을 주거환경개선사업이 지난 2024년부터 추진되고 있다.

내도 지구는 관광객들도 자주 찾는 관광지인 알작지가 자리하고 있는 곳으로, 소방차 진입이 어려울 정도로 길이 좁아 사업을 통해 마을 안길을 넓히고, 주차장·쉼터·어린이 놀이터 등을 조성할 계획이다. 또 노후화된 마을회관을 없애고 현대식 공동이용시설을 신설 확충해 주거환경을 개선하고 범죄예방 환경도 구현할 예정이다. 이를 위해 확보한 예산은 33억 원이다.

약 38억 원의 예산이 투입될 도두동의 사업도 외도동과 비슷하다. 도시계획도로 2개 노선을 신설하고 쉼팡, 주민공원, 공용 주차장 등 공동 이용시설을 갖추고 범죄 예방을 위한 CCTV를 설치할 것이다.

주거환경개선사업은 외형적으로는 하드웨어적인 변화를 꾀하는 것이지만, 궁극적으로는 마을 안에서 살아가는 주민들의 '소프트웨어적 측면', 즉 삶의 만족도와 행복감을 높이기 위한 것이다. 3개 지역 사업이 모두 나의 도의원 임기 중에 시작되었다. 많은 이들의 염원과 도움으로 잘 진행되고 있다. 결자해지가 되어야 할 텐데……. 모든 사업이 성공적으로 마무리돼 오래된 마을들이 새로운 인프라에서 새로운 호흡을 이어갈 수 있기를 바란다.

외도초등학교 주변 전선지중화,
'사람이 우선인 도시'

2022.06.16

제주시 외도초등학교 부근에서는 거미줄처럼 엉킨 전깃줄이 없다. 당연히 그 전깃줄을 연결하는 전신주도 없다. 안전한 통학로 확보와 쾌적한 주거환경을 위해 지난 2022년 도의원으로 재선출되자마자 가장 먼저 신경을 써서 전선지중화 사업을 한 덕분이다.

외도초등학교 부근의 전봇대가 뽑힌 것은 2022년 6월 16일이다. 그해 초부터 초등학교 주변 지역의 전선지중화 사업을 시작해 첫걸음을 뗀 것이었다.

'외도동 전선 지중화사업'은 도의원에 처음 출마하던 2018년부터 공약이었지만, 생각보다 쉽지 않은 과정이어서 재선에 출마하면서 다시 공약으로 내세웠다. 전선지중화사업은 독자적으로 할 수 있는 게 아니라 한국전력과 협력을 해야 하고 지역 유치를 위해 치열하게 경쟁하듯 하는 사업이라 예산을 확보하는 게 쉽지 않았기 때문이다.

외도초등학교 주변의 통학로를 정비하는 전선지중화사업은 총 2가지가 진행되었다. 약 19억 원의 사업비가 소요된 외도초등학교 주변 지역의 전선지중화와 외도초등학교 안전한 통학로 확보 사업이다.

두 사업 중 우선 아이들의 안전한 통학로 확보를 위해 외도초등학교 주변의 전선지중화 사업부터 진행했다.

외도초등학교 주변은 가뜩이나 인도가 좁은데, 전봇대들이 이어져 있어

어린이보호구역
어린이보호
주정차금지

아이들뿐 아니라 이곳을 지나는 어른들도 상당한 불편을 호소했었다. 외도동의 경우 택지개발로 이뤄진 신도시 같은 외형이지만, 부영아파트 단지부터 외도초등학교까지는 통학로도 제대로 마련돼 있지 않아 안전과 불편이라는 두 가지 문제점을 모두 안고 있었다. 그러나 1년여 동안 결자해지의 심정으로 추진한 끝에 외도초등학교 주변의 전선지중화 사업을 깔끔하게 마무리할 수 있었다.

그러나 이게 끝이 아니었다. 어린이보호구역에서 교통약자인 어린이가 우선적으로 보호받을 수 있도록 여러 조치들이 필요했기 때문이다. 아이들이 다니는 보도인도에는 절대 주정차를 하지 못하도록 하고, 보행을 방해하는 장애물도 두어서는 안 된다. 이를 위해 불법주정차 방지용 CCTV를 설치하고 일방통행 구간, 일부 구간에 대한 통행금지 등 관련 기관들과 많은 협의를 했다.

그리고 올해는 외도동의 숙원사업이던 왕복 3차선의 도시계획도로가 신설된 이후 이 도로의 기존 농로와의 연결과 안전성 확보, 신호체계 등에 대한 정비가 완료되었다. 이를 위해 담당부서별로 책임감 있는 역할 분담을 위해 제주자치경찰단 교통정보센터, 제주시 건설과와 도시재생과, 도의회 보건복지안전위원회, 외도동주민센터와 주민자치위원회, 민원인, 도로교통공단 제주지부 등 유관기관을 한데 모아 현장을 직접 찾으며 개선방안을 마련해 나갔다.

외도리外道梨복지센터,
서부지역 복지의 씨앗을 뿌리다

2023.07.13

제주는 청정하고 아름다운 섬이지만, 그 안에서 삶을 영위하는 사람들에게는 기울어진 운동장 같은 곳들이 있다. 사회복지시설의 경우이다.

나의 지역구인 외도동, 도두동, 이호동은 복지 사각지대다. 제주시의 동 지역에는 종합사회복지관이 곳곳에 들어서 있지만, 제주시 서부지역에는 체계적이고 규모 있는 종합사회복지시설이 갖춰져 있지 않다. 시설이 없다고 해서 '복지'를 나 몰라라 할 수는 없으니 2022년 8월부터 아라종합사회복지관이 이 지역 주민들을 대상으로 복지서비스를 운영했다. 하지만 물리적인 거리가 있다 보니 접근성이 떨어져 주민들이 서비스를 이용하는 데 불편함이 많았다.

그런데 드디어 우리 지역에도 사회복지 서비스의 손길이 닿게 됐다. 지난 2023년 7월 개소한 외도리外道梨 복지센터가 그 주인공이다. 외도동, 도두동, 이호동 3개 지역의 첫 글자를 따 외도리外道梨란 명칭을 붙였다. 도두1동 마을회가 관리하는 도두동청소년문화센터 1층 공간을 무상으로

임대받아 사용하고 있다. 단독으로 운영되는 센터는 아니고 제주도 사회복지협의회가 수탁 운영하고 있는 아라종합사회복지관의 분원 형식이다. 이 지역에 당장 종합사회복지시설을 설립할 여건은 되지 않으니 궁여지책으로 마련한 것이다. 그래도 '없음'보다는 '있음'이 낫고, '외면'보다는 '관심'이 중요하니 일단 의미 있는 발걸음을 뗐다고 할 수 있다.

외도리外道梨 복지센터가 문을 연 지 벌써 2년째를 맞았다. 그동안 복지센터에서는 지역 내 사회적 고립가구 발굴 및 지원, 중장년 1인 가구 개인 상담 및 자조 모임 운영, 찾아가는 이동상담실 운영, 지역 내 유관기관과 복지네트워크 활성화를 통한 유기적 복지지원체계 운영 등 어려움을 겪고 있는 지역 주민들을 위한 복지서비스를 제공해왔다. 작은 공간이지만 지역의 모든 주민들에게 '우리도 소외 받지 않는 따뜻한 이웃'이라는 희망의 메시지를 전달하고 있으리라 믿어 의심치 않는다.

비록 시작은 작은 규모의 복지센터지만 언젠가는 제주시 서부지역의 적당한 곳에 종합사회복지관이 들어서기를 꿈꿔본다. 서부지역의 종합사회복지관 건립 계획이 수립된다면, 외도동 지역사회보장협의체와 복지위원회 위원장, 그리고 노인복지 분야에서 쌓은 8년의 현장 경험을 서부 종합사회복지관 건립에 쏟아부을 것이다. 공적 복지의 사각지대가 사라지는, 균형 있고 촘촘하며, 두터운 복지 서비스를 제주시 서부지역 주민들도 향유할 수 있기를 기대하며 말이다.

이호동
생활SOC복합센터 신축

2025.06.18.

2025년 6월 17일, 이호동 생활SOC복합센터가 문을 열었다.

마을회관 규모의 작은 건물로 비도 새고, 가끔 누전도 발생하는, 40년 된 기존의 이호동주민센터가 역사 속으로 퇴장하고, 대신 지하 1층, 지상 3층 규모의 신축 건물이 들어선 것이다.

여기에는 단순한 건물 이상의 의미가 담겨 있다.

공무원들이 근무하는 동청사인 이호동주민센터도 입주하지만, 이호동뿐 아니라 인근의 도두동, 외도동 주민들까지 함께 이용하는 건강생활지원센터와 단체활동 공간 그리고 주차장도 함께 마련된 생활SOC 복합시설이기 때문이다.

2018년 7월에 도의원이 된 이듬해인 2019년 12월에 시작돼 2025년 준공까지 7년이라는 시간 동안 두 번의 도의회 의원 임기 중에 시작과 마무리가 모두 완결된 사업이라 내게는 감회가 남달랐다.

새로 지어진 건물은 1,000평이 넘는 공간으로 사업비만도 200여 억 원

가까이 투입됐다.

기존의 동주민센터는 1층의 한 공간만 차지하고, 1층의 다른 공간에는 주민공동이용시설이 들어섰다. 또 2층에는 건강생활지원센터가 자리하고 있고, 3층은 대회의실 및 소회의실로 구성해 누구나 이용할 수 있게 했다. 여러 공간들 중에서도 개인적으로는 특히 '건강생활지원센터'에 기대가 크다. 의료시설 등이 상대적으로 열악한 외도동약 22,400명, 이호동약 4,300명, 도두동3,260명 주민들의 건강을 살뜰히 챙길 공간이기 때문이다.

이를 위해 간호사, 물리치료사, 체육지도사 등 건강 전문가 5인이 센터에 상주하며 생활 속에서 발생하는 만성질환 예방과 건강한 생활습관 형성에 힘을 쏟을 예정이다. 명실상부한 지역보건의료기관의 역할을 하는 것이다.

청사 부지를 매입하면서 계약이 성사되지 않을 뻔한 어려운 순간도 있었는데, 이호동주민자치위원회가 기금 3000여만 원을 기부해 불가능을 가능으로 바꿔 주었다. 그래서 이호동 생활SOC복합센터는 단순한 건물이 아니라, 주민들의 간절한 열망이 담긴 역사적 공간이나 마찬가지다.

이제 하나의 매듭을 끝냈으니 다른 하나의 매듭을 지을 차례다.

낡은 건물로 남아 있는 기존 청사는 지역 복지시설로 활용될 수 있도록 리모델링 방안을 수립해야 한다. 이호동·도두동·외도동 주민들 모두가 주민들의 염원을 담아 지어진 새로운 공간에서 향상된 삶의 질을 만끽할 수 있기를 기대해본다.

작은 건의가 이뤄낸
불합리한 제도 개선

2025.02.27

올해 초, 생각지 못했던 감사패를 하나 받았다.

지역구인 외도동에 외도1차부영아파트가 있는데, 입주자대표회의 회장 이현철과 대표자일동 명의로 내게 감사패를 주신 것이다.

'아파트입주민들과 꾸준히 소통하며, 성실한 의정활동으로 지역 주민의 삶의 질을 높이고 안전한 주거환경을 조성하기 위해 최선을 다해 주었다. 지역 주민의 목소리에 귀 기울이고 현안들을 잘 해결해 주어서 고맙다'는 문구가 적힌 감사패다.

황송할 정도로 고맙고 큰 감동을 받았다. 지역민들이 원하는 일을 하는 것은 도의원으로서 마땅히 해야 할 일이지 감사패를 받을 일은 아니라는 생각에서다.

감사패를 받게 된 사정은 이렇다.

지난해부터 이 아파트의 입주자대표회의 회장이 제기한 민원이 하나 있었다.

"외도1차 부영아파트에는 주민이 2,000명 가까이 살고 있다. 우리 아파트 역시 같은 공항소음대책지역에 속하는데, 자연마을은 90%~100%의 보조금을 받는 반면, 우리는 아파트단지라는 이유 하나 때문에 아파트에서 이뤄지는 공동체 조성을 위한 마을회 주관 화합행사경로당 행사 등에 일반기준인 50% 지원이 적용되고 있다. 이건 불합리하지 않나?"

보조금이 차등화된 이유는 '아파트단지가 자연마을에 속하지 않는다'와 '사유지'라는 사항 두 가지였다. 이런 해석이 형평성에 어긋나고 아파트 주민들에 대한 차별이라는 주장이었다.

입주자대표회의 회장은 나와 개인적 친분도 두터운 사이인데, 이 문제에 대해서만큼은 한 치도 물러서지 않았다. 얘기를 듣고 보니 충분히 일리가 있었다.

결국 그 뜻을 반영해 외도1차부영아파트도 '공항소음대책 인근지역 마을'로 지정해 자연마을과 동일하게 90%의 보조금을 받을 수 있도록 〈제주도 예산안 편성 및 작성지침〉을 개정했다. 여기에 더해 〈제주특별자치도 경로당 운영 및 활성화에 관한 조례)도 함께 손을 봤다.

그동안에는 적법하게 등록을 마친 경로당이더라도 대규모 단지 안에 있을 경우 시설 보수 등에 대한 지원을 일절 받지 못했다. 공적인 돈으로 사유재산가치를 향상시켜준다는 점이 주요 논거였다. 하지만 적법하게 등록돼 관리되는 경로당이라면 사유지아파트단지에 있든, 자연마을 안에 있든 보조금을 지원받을 수 있도록 조례를 개정한 것이다.

외도1차 부영아파트 입주자대표회의가 적극적으로 건의하지 않았다면 생각지도 못했을 사안이었다.

"정치는 정치인이 하는 것 같지만, 국민이 한다"는 말이 있다.

모든 일에 국민들이 나설 수는 없겠지만, 이렇게 하나씩 불합리한 것들을 바꿔 나가는 게 무엇보다 중요하다는 사실을 다시 한 번 깨닫는다.

3

더불어 사는 사회를 위하여

재외동포청은
제주에 설립되어야 한다

2023.05.03.

재외동포재단은 서귀포시 혁신도시에 있습니다. 국토균형발전 차원에서 공공기관 이전 계획에 따라, 문재인 정부인 2018년 7월에 이전하여 현재까지 5년 가까이 운영되고 있습니다.

2022년 대선 당시에 이재명 후보와 윤석열 후보가 730만 명 재외동포의 권익 보호와 위상 강화를 위해 재외동포청 승격을 공약했었습니다. 그리고 2023년 3월, 정부조직법 개정에 따라 오는 6월 5일부터 외교부 외청으로 출범하게 됩니다. 환영합니다.

그런데, 재외동포재단이 있는 우리 제주도민 입장에서는 당연히 재외동포청이 승격되면서 재단 업무를 승계하는 차원의 존속 유지를 기대했습니다. 하지만, 어찌된 일인지 윤석열 정부가 재외동포청 소재지에 대해 애매한 태도를 보이면서 인천, 서울 등에서 유치 경쟁을 일으키며 불필요한 지역 갈등과 소모전을 벌이고 있습니다.

결론부터 말씀드리면, 국가균형발전이라는 국가 비전을 흔들어대지 말

고, 재외동포청은 있는 곳에 그냥 두면 될 것입니다. 안착하여 뿌리 깊은 나무로 성장할 준비와 여력과 의지가 있으니, 정부는 더 이상 제주의 자존감을 흔들어대지 않기를 바랍니다.

제주 시민단체에서 자발적으로 시작된 서명 운동과 사수 활동 그리고 평화적 1인 문화예술시위 등에 동참하여 기자회견으로 민주당 제주도당의 의지와 결의를 천명했습니다. 오늘 오전 국회 소통관에서 위성곤 국회의원, 송재호 국회의원, 김한규 국회의원, 양영식 도의원과 함께 재외동포청이 우리 제주에 그냥 존속해야 한다는 내용의 기자회견을 한 것입니다. 양영식 제주도의회 민주당 원내대표와 제가 대표로 회견문을 낭독했습니다.

재외동포청을 제주에 존속 유지하여 업무의 연속성과 일관성을 확보하고 국토균형발전의 취지도 살릴 수 있기를 바라며, 강력히 요청합니다.

'노키즈존 금지 조례'를
발의한 까닭은?

2024.10.01

"모든 어른들은 한때 어린이였다. 그러나 그것을 기억하는 어른들은 별로 없다."

All grown-ups were once children....but only few of them remember it.

생땍쥐베리의 <어린왕자>에 나오는 구절이다.

'차별과 혐오의 인권 침해' vs '영업의 자유 & 직업수행의 자유'.

아이들의 출입을 제한하는 업소들이 늘어나면서 '제주는 과연 아이들과 함께하는 아동친화적인 섬일까?' 하는 생각이 들곤 했다.

'노키즈존' 영업장은 제주뿐 아니라 전국적으로도 증가하는 추세지만 제주는 특히 그 증가 추세가 가파르다. 전국 지자체 인구 대비로도 월등히 많은 것으로 나타났다. 처음에는 그저 일부 업소의 '유별난 방침' 정도로 여겼었는데, 어느새 하나둘 늘어나면서 우리 사회의 뜨거운 감자가 되었다.

'노키즈존'을 운영하는 영업장들은 아이들의 기물파손, 안전사고, 다른 고객에 대한 불편 초래, 손해배상책임 등을 이유로 든다. 그러나 그 기저에는 아이들을 방임하는 부모들에 대한 혐오가 깔려 있다.

영업장의 입장도 이해가 가지 않는 건 아니지만 '노키즈존' 현상이 이대로 굳어진다면 앞으로 어떻게 될까? 언젠가 노실버존, 노장애인존, 노여성존, 노다문화존 같은 것들이 등장할 수도 있을 것이다.

그래서 도민 사회의 수많은 논란에도 불구하고 〈노키즈존 금지 조례〉를 발의했다. 처음 도의원이 되고 나서부터 추진했던 조례인데 법령 위반 소지와 영업의 자유를 침해한다는 주장에 밀려 한동안 조례 제정이 중단됐다. 안타까웠지만 다행히 재선에 성공하고, 곧바로 이 문제를 공론화했다.

다행히도 2023년 9월, 〈노키즈존 금지 조례〉가 도의회에서 통과되었다. 〈아동출입제한업소 확산 방지 및 인식개선 조례〉라는 명칭으로 바뀌어서 말이다. 법령 위반 소지 등으로 인해 영업장에 대한 직접 제한이나 규제, 벌칙 부과 등은 누락됐지만, 그래도 조례를 통해 아동 출입을 제한하는 업소의 실태를 조사하고, 그런 업소가 확산되지 않도록 인식개선을 위해 노력해야 한다는 책무를 도지사에게 부여한 것은 다행스러운 일이다.

조례 제정 1년 후, 2024년 10월에 첫 성과보고회가 열렸다. 제주도 내 노키즈존으로 운영되는 일반 음식점과 카페 등에 대한 실태조사를 기반으로 한 '아동 차별 인식 개선을 위한 노키즈존 실태조사 성과보고회'다.

2024년 4월부터 9월까지 총 80개의 노키즈존 사업장을 대상으로 진행한 실태조사 결과, 전체 사업장 중 커피전문점 및 휴게음식점, 제과점업 등이 무려 65.8%에 달했다. 연령 제한을 두는 경우에는 제한 연령을 명

시하는 사업장이 65.0%, 연령별로는 '13세 미만'이 34.6%로 가장 많았다. 주로 초등학생 이하의 아이들 출입을 제한한다는 의미다.

이날 성과보고회에는 특별히 아이들도 10여 명 초청했는데, 1시간이 훌쩍 넘는 시간에도 불구하고 모두 의젓하게 자리를 지켜 주었다. 토론자로 참석했던 초등학교 5학년 김사랑 양의 한마디는 참석자 모두에게 큰 울림을 주기도 했다.

"노키즈존을 운영하는 이유가 조용한 가게 분위기를 위해, 진상 부모들의 무리한 요구 때문에, 또 안전사고 우려 때문이라고 합니다. 우리 부모님은 그런 진상 부모도 아니고, 저는 그릇을 깨거나 시끄럽게 하지도 않습니다. 아이라는 이유로 가고 싶은 예쁜 카페에 들어가지 못해 억울하다는 생각이 들었습니다. 누군가 잘못된 행동을 한다면 그러한 행동을 하지 못하도록 하는 게 더 바람직하지 않을까요? 왜 우리(아이들)를 무턱대고 차별하고 인권을 보호해주지 않는지, 뭔가 앞뒤가 맞지 않는다고 생각합니다. 우리도 생각이 많고 할 말이 많은데, 왜 우리 의견은 물어보지 않나요?”

이 작은 조례 하나로 당장 세상이 바뀐다거나 하지는 않을 것이다. 하지만 이 조례를 통해 우리는 ‘아동친화도시’에 대한 질문을 던졌고, 논의를 시작했다. 배려와 관용, 그리고 상생의 지혜를 통해 제주 땅에서는 차별적인 노키즈존 영업장이 단 하나도 없기를 기대한다.

제주형 베이비박스,
흔들리는 생명 위한 빛이 되기를

2022.10.17

'모든 생명은 축복이다.'

그 '모든 생명'에는 미혼, 혼외, 근친, 불법 이주, 성폭행, 이혼, 질병 등 여러 좋지 않은 조건에서 태어나는 생명도 포함된다. 임신중지를 하지 않고 끝까지 지켜진 아이들, 이 아이들도 우리와 함께 살아갈 권리가 있다. 그리고 이 땅에 사는 우리는 이런 아이들을 보호하고 지켜야 한다.

그래서 누군가에게 '베이비박스'라는 단어는 절박한 생명을 지켜낼 간절한 그 무엇일 수도 있다.

지난 2022년 도의원 재선에 도전하면서 내건 공약 중에 논란이 많았던 공약이 3가지 있다. 〈베이비박스 설치 및 지원 조례〉, 〈노키즈존 금지 조례〉, 〈죽음에 대한 교육 지원 조례〉 등이다.

이 중 〈베이비박스 설치 및 지원 조례〉는 작은 생명들을 지켜내기 위한 첫 발걸음이었다. 여러 논란에도 불구하고 이 조례는 〈제주특별자치도 위기 임산부 및 위기 영아 보호·상담 지원 조례〉로 명칭을 바꿔 2023년

7월 만장일치로 통과되었다. 전국 최초로 도지사에게 위기임산부와 위기 영아에 대한 보호·상담 등을 지원하도록 책무를 부여한 별도의 조례가 제정된 것이다.

원래는 2022년 9월 임시회 때 입법을 추진할 계획이었는데, 임시회를 앞두고 첫 공청회를 열어 보니 더 많은 의견수렴이 필요하다는 판단이 들었다. 충분한 준비와 의견수렴이 되지 않으면 조례 제정 자체가 어려울 것이기 때문이다.

이 논의가 시작될 때부터 한편에서는 '불법 유기를 조장한다', '아이의 알권리를 침해한다', '출생신고를 강제하는 현행법 취지를 정면으로 위배한다'는 등 극단적인 반대 의견들이 쏟아져 나왔다. 충분히 일리 있는 지적들이다. 익명의 아동입양을 조장하고 아동의 뿌리 찾기를 불가능하게 함으로써 아동의 인권을 침해할 수 있다는 인식에 기반한 지적이기 때문이다.

물론 법에서는 알권리 보호, 유기조장, 양육포기 부추김 등을 방지한다는 근거로 출생신고를 강제한다. 당연한 얘기다. 아이가 태어난다는 건 당연히 기쁘고 감사한 일이고, 공식적으로 출생신고도 해야 한다.

하지만 그럴 처지가 되지 않는 안타까운 상황들도 여전히 존재한다. 생사기로에 놓인 절박한 위기 임산부, 그리고 위기 영아가 엄연히 존재하는데, 아무도 손길을 내밀지 않는다면 이 아이들의 미래는 어떻게 될 것인가?

이 조례를 대표 발의한 이유는 하나다.

'이유를 불문하고 천하보다 귀한 생명은 보편적 인류애로 끌어안아야 한다'는 것이다.

미혼, 혼외, 근친, 불법 이주, 성폭행, 이혼, 질병, 어려운 경제적 상황 등 불가피한 상황에서 태어난 아이들을 지키는 것은 공적 영역에서 담당해야 하기 때문이다.

이번에 통과된 조례는 해외 베이비박스와는 결이 다르다. 아이를 두고 가는 순간 벨이 울리고, 벨 소리를 들은 상담원이 부모를 만나 직접 상담을 진행한다. 아이를 그냥 두고 가게 놔두는 것이 아니라, 친부모와 함께 '어떻게 도우면 부모가 아이를 직접 키울 수 있을지'에 대한 방안을 먼저 찾아보기 위함이다. 아기를 유기하는 게 아니라, 오히려 위기에 처한 미혼 부모의 피난처와 보호처가 되겠다는 것이다. 친부모가 양육할 수 있는 여건을 만드는 데 먼저 힘을 쏟고, 혹여라도 친부모의 처지와 여건이 허락되지 않는다면, 그 후 정부가 개입해 국내 가정을 통해 입양을 권유하거나 가정 위탁이 이뤄지도록 하는 것이다.

물론 조례가 제정됐다고 해서 위기 임산부와 위기 영아의 문제가 근본적으로 해결되지는 못할 것이다. 하지만 적어도 공공 영역이 위기 임산부와 위기 아동에게 최소의 보류, 최후의 보루가 되어줄 수는 있을 것이다. 어떤 상황에서든 이 땅에서 태어난 아이들은 모두가 귀한 생명이고, 그 생명을 지키고 보호하는 것은 우리 모두의 책무이니 말이다.

'반편견 입양교육 활성화 조례'
대표 발의

2024.10.03

'사회적 편견'은 어느 사회에서나 무서운 결과로 이어질 수 있다.

가볍게 던진 말 한마디가 누군가에게는 비수가 될 수도 있고, 생각지 못한 결과로 나에게 되돌아올 수도 있다. 우리나라에는 여전히 수많은 편견이 존재한다. 한 발짝씩 나아지고는 있다지만 성평등 문제도 여전히 끊임없이 노력해야 하는 과제로 남아 있다. 그런데 그보다 더 주목받지 못하는 편견들이 있다. 장애, 다문화, 입양 등 보통의 사람들과는 조금 다른 사람들에 대한 인식이다.

사람은 누구나 자신이 처한 상황이 모두 다르기에 스스로가 아무리 공정하게 판단하려 애쓴다 해도 어느 순간 차별주의자가 될 수 있다. 2019년 발매된 김지혜의 책 '선량한 차별주의자'에서는 바로 그 지점을 여러 각도에서 바라본다. 책을 읽으며 나 역시도 '어느 순간 선량한 차별주의자였구나'라는 생각에 마음이 편치 않은 부분이 적지 않았다.

이런 이유로 인해 '제주특별자치도교육청 반편견 입양교육 활성화 조례'

일부 개정안을 대표 발의하게 되었다. 우리 가족도 쌍둥이를 공개 입양했기에 내가 조금 더 노력한다면 입양에 대한 편견을 깨는 데 조금이나마 일조할 수 있지 않을까 하는 생각이었다.

조례를 발의하고 나서 지난해 말 '제주도 입양 문화 인식개선'에 관한 정책토론회를 열었다. 이날 토론회의 결론은 '입양 문화가 제대로 정착되지 않은 상황이므로, 조기교육을 통해 입양에 대한 인식을 개선할 필요가 있다'는 것이었다.

최근 자료에 따르면 제주도에서는 2020년과 2021년에 각각 6명의 입양 대상 아동이 발생했는데 실제 입양으로 이어진 사례는 고작 3명에 불과했다. 다른 지역에 비해 도내 입양이 비교적 많은 편이라고 할 수 있지만 그럼에도 불구하고 여전히 문제는 남아 있다. 관련 설문조사를 해보니, 30% 이상의 도민이 '입양 의사가 별로 없다'고 밝혔고, 이들 중 41.6%는

'입양의 필요성을 느끼지 못해서 입양 의사가 없다'고 답한 것으로 나타 났다. 또 남아를 꺼리고 여아를 선호하는 경향도 심한 편이다.

그런데 이날 토론회에서 한 가지 재미있는 사실이 알려졌다. 반편견 입양교육 강사로 활동 중인 신동운 '함께하는 심리상담센터' 센터장이 6년 간 강의를 하며 지켜본 결과, '유치원 아이들은 반편견 입양교육 내용을 스펀지처럼 그대로 흡수한다'는 것이다. 그렇다면 아주 어릴 때부터, 어떤 편견도 주입되지 않은 백지 상태의 아이일 때부터 입양에 대한 인식 개선 교육을 시작해야 한다. 그래서 조례 개정안에서는 입양인식 개선 활동을 확대하고 보강해야 한다는 점에 주안점을 두었다.

이미 깊숙이 자리 잡은 편견이 단시간에 사라질 수 있다고는 물론 기대 하지 않는다.

그러나 새롭게 자라나는 세대들이 '편견 없는 문화'를 받아들일 수 있는 어른으로 성장한다면 우리 사회는 한층 더 '살 만한, 차별 없는 좋은 세상'이 될 수 있지 않을까.

내게 주어진 도의원이라는 직책이 몇 년 되지는 않지만, 그 시간 동안 적어도 우리 미래 세대들이 지금보다 훨씬 더 행복한 세상에서 삶을 영위할 수 있도록 한 걸음씩 우직하게 걸어간다.

초고령사회,
돌봄의 주역 '장기요양보호사'부터 챙겨야

2024.08.03

제주도는 이미 2017년부터 고령 사회로 진입했다. 2024년 말 기준, 제주 전체 인구 67만여 명 중에서 65세 이상이 18.9%_{12만 6,985명}에 달했다. 5명 중 1명이 노인이라는 말이다. 앞으로 5년 후, 2030년에는 65세 이상이 전체 인구의 20% 이상을 차지하는 초고령사회로 진입할 예정이다. 2030년 고령인구 비율은 23.6%로 전망되고 있으며, 이후로도 빠르게 증가하며 2035년 28.4%, 2040년 33.2%, 2045년 36.8%에 이어 2050년엔 40.1%에 달할 전망이다.

이처럼 사회가 빠르게 고령화될수록 어르신들의 삶을 보듬어줄 소중한 손길이 간절해진다. 장기요양보호사들이다. 이들은 보이지 않는 곳에서 어르신들을 따뜻한 손길로 돌본다. 그렇지만 인력은 턱없이 부족하고, 처우는 '극한 직업'이라 할 수 있을 정도로 열악하다.

제주도에서 필요로 하는 요양보호사 수는 올해 7,000명에 조금 못 미친다. 고령 인구가 더욱 증가하는 2028년에는 8,300여 명이 필요할 것으로 전망되는데 수급 차질로 인해 2,600여 명의 요양보호사가 부족하다고 한다_{국민건강보험공간 제주지부 자료.}

그런데 한 가지 아이러니한 사실이 있다. 지난 2021년 제주에서 발급된 요양보호사 자격증이 1,200여 건, 그리고 매년 비슷한 정도의 요양보호사가 배출되고 있다. 매년 1천 명 안팎의 요양보호사가 배출되고 있는데, 정작 현업에서 근무하는 요양보호사는 3,000여 명에 불과하다.

현업에서 일하는 요양보호사들을 만나보면 그 이유를 쉽게 찾을 수 있다.

"장기요양 중인 노인 대다수는 기저귀를 착용하고 있고, 휠체어를 이용하는 어르신들도 늘고 있어요. 요양보호사 1명이 7명을 보살핀다는 게 쉽지 않습니다."

"인건비는 최저 시급인데, 노동 강도는 높으니 중장년층들도 일을 기피합니다. 60살이 넘은 노인이 80~90대 노인을 돌보는 경우가 많아요."

"하루에 3분의 어르신 집을 방문해 7시간 이상 청소부터 식사, 운동까지 돕다보면 보람도 있지만 힘들 때가 적지 않습니다. 김장을 해달라고 하기도 하고, 유리창 청소, 창틀 청소, 심지어 같이 사는 가족의 빨래까지 요청하는 경우도 있어요. 이런 것들은 요양보호사가 할 일이 아니거든요."

지난 2021년 제주에서 처음으로 실시된 요양보호사 실태조사에서 요양보호사들이 전한 어려움이다.

그러나 절망 속에서도 늘 희망의 싹은 트기에 요양보호사들에 대한 처우 개선과 관련한 조례가 만들어졌다. '제주특별자치도 장기요양요원 처우 개선 및 지위 향상에 관한 조례'가 그것이다. 이를 통해 올해 처음 '제1차 장기요양요원 지원계획'이 수립되었다.

이 계획은 '돌봄 종사자와 어르신이 모두 다 함께 행복한 제주'를 비전으

"요양보호사와 시설장의 인식을 중심으로"
제주 장기요양요원 실태와 처우개선 방안 모색 토론회
일시 | 2025. 2. 10.(월) 오후 2시   장소 | 제주특별자치도의회 대회의실   주관/주최   제주특별자치도의회 행정자치위원회·보건복지안전위원회
토론3   토론1   주제2   좌장   주제1   토론2
장인숙   최만제   김재희   송창권   윤미영   양지혜

로, 4가지 핵심 전략을 담았다. △사회적 인식을 개선하고 장기요양요원 센터 설립과 같은 지원 체계를 구축해 이들의 목소리에 귀를 기울인다 △근로 조건 개선을 위한 지원과 처우 개선을 확대한다 △휴식 공간 마련, 대체 인력 지원, 건강 증진 프로그램 등을 통해 '일하기 좋은 근무 환경'을 조성한다 △전문성 강화를 위한 교육 지원과 모범 요양요원을 표창함으로써 요양보호사들의 역량을 강화하고 자긍심을 높인다. 이 4가지 핵심 전략을 기반으로 무려 26개나 되는 사업이 구체적으로 마련됐으니 이제는 실질적인 변화를 기대해본다.

도의원을 하기 전, 나도 8년간 요양원장을 했었기에, 그동안 미안한 마음과 더불어 공적 영역인 '노인 돌봄'에 대해 직무유기를 하고 있는 것은 아닌가 하는 생각까지 들었는데, 참으로 다행스러운 일이다.

제주장애인스포츠센터
개원의 의미

2021. 12. 30

세상을 살다 보면 '모두가 함께'라는 말을 참 많이 듣는다. 하지만 실제로 그 '모두'에 포함되지 못하는 누군가가 늘 존재한다. 특히 운동이나 여행 같은 여가활동은 장애인들이 넘어야 할 산이 너무 많다. 최근 들어 무장애 여행 등 약자를 위한 여행 시설물들이 많아지고 있다는 점은 그나마 다행이라고 해야 할까?

이런 점에서 지난 2021년을 보내기 불과 이틀 전, 12월 29일에 문을 연 제주장애인스포츠센터는 의미가 크다고 할 수 있다. 3만 8,000여 제주 장애체육인들을 보듬을 공간, 장애체육인뿐 아니라 장애를 가진 생활체육인들까지 누구나 이용할 수 있는 시설이다. 나의 지역구인 외도동에 들어서 한층 더 벅찬 감흥을 느꼈다.

제주장애인스포츠센터는 지하 3층, 지상 3층, 연면적 5,269㎡약 1,594평 규모로 체력측정실, 체력단련장, 다목적체육관 등을 갖추고 있어 현재 장애인 운동선수들의 훈련과 생활체육인들을 위한 체육활동 공간이 되고

The 45th National Para Games
BUSAN 2025
제45회 전국장애인체육대회
기간 : 2025. 10. 31. - 11. 05.   장소 : 삼락파크골프경기장
자원봉사술
"제주선수단 여러분은 우리 모두의 자랑입니다"
필
열정과 투혼으로!! 제주선수단 화이팅!!
승
제주특별자치도장애인체육회   Jeju   제주특별자치도

제주장애인스포츠센터 개관식
일시 : 2021. 12. 29. (수)14:00   장소 : 제주장애인스포츠센터
경축
제주장애인스포츠센터
개관을
축하합니다.
2021. 12. 29

있다.

하지만 이 센터가 문을 열기까지의 과정은 그리 순탄치 않았다. 센터 건립을 위한 기본 계획이 수립된 게 2012년 3월이고, 당초 계획에 따르면 이듬해인 2014년 12월 착공에 들어가 2016년에 이미 준공되었어야 했다.

그런데 공사를 진행하는 와중에 문제가 발생했다. 제주도는 화산섬이라 지하 3층 구조의 건축물을 찾아보기가 쉽지 않은데, 지하 3층까지 땅을 파다 보니 월대천으로 흐르던 지하수맥을 잘못 건드려 용천수가 고갈되는 원인이 됐다는 의심을 받기 시작한 것이다. 사실 이 의심은 지금도 완전히 해소되지 않았다.

이뿐만이 아니다. 당초 일정대로 2016년 준공을 앞두고 있었는데 공정률 99% 상태에서 하자보수 문제, 시공사와 하도급 업체 사이의 갈등으로 법적 다툼이 발생한 것이다. 이 때문에 공식 개관하기까지 무려 4년의 시간이 더 걸렸다.

나의 경우 다른 상임위 소속이니 이 문제를 해결하기 위해 직접 발 벗고 나설 수는 없는 처지였다. 하지만 그래도 내 지역구 내에 센터가 들어서는 것인데 가만히 앉아 있을 수만은 없었다.

도정질의 때마다 끊임없이 질의를 하고 관계자들도 수시로 만나며 중재와 타협을 위한 노력을 했다. 우리 지역에 들어서는 센터인데, 지역구 의원인 내가 일을 제대로 챙기지 못해 늦어지는 건 아닌가 하는 생각에 마음이 편치 않았기 때문이다.

공정률 99% 상태에서 멈춰선 센터는 무려 4년이 지난 후에야 준공됐지만, 그래도 다행이다.

최근에는 한 가지 더 좋은 소식을 들었다.

장애인과 비장애인이 모두 이용할 수 있는 통합형 체육센터인 '반다비 체육센터'가 시범 운영에 들어갔다는 소식이다. 서귀포시 남원읍 신례리에 들어섰는데, 장애인 재활의 필수 시설인 수중운동실까지 갖추고 있다 한다. 오는 11월 '반다비 체육센터'가 정식으로 개관한다면 외도동의 제주장애인스포츠센터와 더불어 장애인들이 소중한 땀방울을 흘리며 웃음꽃을 피우게 될 보금자리가 될 수 있지 않을까 기대해본다.

삶의 끝자락에서 시작을 말하다,
'도교육청 죽음이해교육'

2023.05.23

도의원이 된 후 대표 발의한 조례 중 많은 논란을 일으킨 조례가 3개
있다.

위기 임산부 및 위기 영아보호 상담지원 조례, 아동 출입제한 지정 금지
조례소위 노키즈존 금지, 그리고 제주도교육청 죽음이해교육 관련 조례다.

〈위기 임산부 및 위기 영아 보호 상담지원 조례〉와 〈아동 출입제한 지
정 금지 조례〉의 경우 도민 사회에 적지 않은 논란을 불러일으키는 바
람에 오히려 내가 사회적 갈등을 유발하고 있는 게 아닌가 하는 생각까
지 들었지만 충분한 공감대 속에 도의회를 통과해 현재 시행 중이다. 하
지만 다른 하나, 2021년 11대 의회에서 처음 발의한 '제주도교육청 죽음
이해교육 관련 조례'는 한동안 서랍 속에서 잠자고 있었다. 학생들이 삶
과 죽음의 의미를 이해하고, 생명 감수성과 도덕적 정체성을 정립할 수
있도록 관련 교육 정책을 마련해 운영하도록 하는 내용인데, 당시에는
도민 사회에서 선뜻 받아들이기 어려웠던 모양이다. 이 조례를 발의하

기에 앞서 같은 해 제주도에서는 전국에서 처음으로 〈죽음교육 진흥 조례〉가 제정되었는데 아이들에게 죽음을 이해시키는 교육은 또 다른 문제였다. 〈죽음교육 진흥 조례〉에서는 연령에 상관없이 불특정 다수를 대상으로 자살예방, 웰다잉 등 죽음에 관한 교육을 할 수 있도록 하고 있다. 이 조례가 제정된 후 실제로 도내에서 몇 차례 죽음교육이 진행돼 상당한 호응을 얻었었다.

하지만 학생들을 대상으로 하는 죽음 이해 교육 관련 조례는 여전히 거북이걸음에서 벗어나지 못하고 있다. 처음 발의했을 때는 공감대 형성은커녕 심사에도 오르지 못했었다. 그런데 최근 들어 '죽음 이해 교육'과 관련한 분위기가 조금씩 바뀌고 있다. 아마도 '2022년 개정교육과정'에 '삶과 죽음'에 대한 교과 단원이 포함된 때문인 것 같다.

조례 제정에 반대하는 사람들의 입장은 명확하다. '학교 현장에서 굳이 죽음이라는 무거운 주제로 교육을 해야 하느냐?', '죽음 교육을 실행할 교사도 턱없이 부족하다'.

우리 아이들에게는 희망을 얘기하고, 생명을 존중하며 극단적인 행동들이 나오지 않도록 예방하는 게 더 중요한데 '왜 굳이 죽음에 관한 교육을 하느냐'는 것이다.

하지만 '죽음'이라는 주제는 아이들의 교육 영역에서 피해야 할 주제가 아니라 삶의 일부분으로 공교육에서 반드시 담당해야 하는 주제다. 초등학교 교사로 30년을 일하다 죽음교육 강사로 활동하고 있는 임경희 작가님은 '죽음교육은 죽음에 몰두하게 하는 것이 아니라, 바람직한 관점에서 죽음을 바라보고 상실을 잘 극복하며 자신의 삶을 아름답게 가꾸는 태도, 그리고 생명의 소중함을 알게 하는 교육'이라고 말한다. 오히려 '죽음 이해' 교육을 통해 왕따, 학교폭력, 청소년 자살을 예방할 수 있고, 생명 경시 풍조를 개선할 수 있다는 주장이다. 교육을 받은 학생들 중 87%가 처음에는 '죽음 이해 교육'이 필요 없다고 했는데, 교육을 받고 나서는 무려 96%가 필요하다고 응답했다는 통계가 이 사실을 잘 말해준다.

도민 사회에서는 여전히 '죽음'에 대해 부정적인 인식이 강하고, 교육청 관계자들도 조심스러운 입장을 내비치고 있지만, '죽음'에 대해 정확히 인지하고 이해할 때, 비로소 '죽음'이라는 의미가 생명을 더 사랑해야 한다는 의미로 바뀌지 않을까 생각한다. 삶과 죽음을 함께 교육할 때 생명을 사랑하는 진정한 삶의 방식이 만들어지는 것이 아닐까.

4

지역을 살리는 지방자치제

도두동주민자치위원회 정기회의
주관: 도두동주민센터 · 도두동주민자치위원회
제주 하늘, 바닷길을 지키는 관문 도두봉,
주민과 함께 가꾸고 지키겠습니다

제주형 기초자치단체,
진정한 도민주권시대를 기대하며

2025.02.22

2025년 2월 22일, 경기도 일산 킨텍스는 뜨거운 열기로 가득했다.

민선 지방자치 30년, 새로운 시대정신과 과제를 주제로 열린 '2025년 한국지방자치학회 동계학술대회'에 참여하기 위해 전국 각지에서 저명한 학자들과 관계자들이 모였다.

이날 학술대회에는 제주특별자치도 세션도 별도로 마련돼 〈제주형 기초자치단체 설치 의의와 당위성〉이라는 큰 주제를 두고 '제주형 기초자치단체 설치 추진 상황'과 '지방자치에서 기초자치단체가 가지는 법률적 의의'에 대한 발제가 진행되었다.

내로라하는 학자들과 전문가들 앞에서 토론에 참여하려니 다소 쑥스럽기도 했지만, 제주도 도의원 자격으로 참여했으니 최대한 아는 범위 내에서 지난 2년여간 제주도가 준비해온 내용을 진정성 있게 전했다.

지난 2006년 국내 최초로 제주특별자치도를 출범시키며 새로운 역사를 써내려간 제주도가 20여 년 만에 또다시 새로운 도전에 나서고 있다. 제

의회
민주주의 가치를 새롭게!
도민중심 민생의회!!

주형 기초자치단체로, 현재 제주시와 서귀포시로 이분화돼 있는 행정 체제를 동제주시와 서제주시, 그리고 서귀포시 등 3개로 나누고, 3개 시에 기초자치단체를 새롭게 도입하는 것이다.

제주특별자치도 출범과 함께 전환된 제주시와 서귀포시 2개의 행정체제는 20여 년 동안 인구 증가, 경제 성장, 투자 확대라는 성과로 이어지고, 다른 지역의 특별자치시·도 출범에 이정표를 제시하기도 했다. 하지만 행정시에 자치입법·예산권이 없다는 한계점은 여러 문제점을 야기했다. 2개 시의 시장을 도민이 직접 선출하지 않고 도지사가 임명함으로써 책임 행정이 이뤄지지 못하고, 주민의 참정권도 도의원 선출로만 제한됐다. 결국 국가, 광역, 기초 사무가 모두 제주도로 집중되면서 제왕적 도지사라는 비판이 끊이지 않았고, 행정의 민주성 약화, 행정 서비스의 질 저하, 지역간 불균형 심화 등이 폐해로 드러났다.

사실 행정시장 직선제 등 주민 참정권을 확대하려는 시도가 처음 등장한 것은 도지사가 선거 공약으로 내세웠던 2010년이다. 이후에도 여러 정치인들이 제왕적 도지사에 대한 권력 분산과 분권을 얘기했지만, 대부분 실행이 따르지 않는 선거용 립서비스에 그쳤다.

그런데 이번에는 상황이 달라졌다.

오영훈 도지사가 "도민의 손으로 제주의 미래를 직접 결정할 수 있게 올해 하반기 내로 주민투표를 실시해 제주만의 기초자치단체 도입을 결론 짓겠다"며 적극적으로 나서고 있고, 새롭게 출범한 이재명 정부의 공약집에도 '주민투표를 통해 기존 행정시 대신 제주형 기초자치단체 설치' 내용이 담긴 것이다.

새롭게 추진되는 제주형 기초자치단체는 제주특별자치도 이전에 존재하던 4개 기초자치단체_{제주시, 서귀포시, 북제주군, 남제주군}와 같은 과거 형태로의 회귀가 아니라 제주의 특수성에 맞게 광역사무와 기초사무를 배분하는 방식이다. 지난 2022년 도내·외 15명의 전문가로 구성된 행정체제개편위원회가 출범해 1년여 동안 행정체제개편 연구용역, 제주형 행정체제 도민공론화를 위한 도민경청회, 여론조사, 도민참여단 운영 등을 수행하면서 최종적으로 동제주시, 서제주시, 서귀포시 3개 기초자치단체를 설치하겠다는 구상이 구체화됐다.

행정안전부 장관이 '기초자치단체 설치 찬반 투표를 묻는 주민투표'를 결정해 제주도에 요구하면 곧바로 주민투표를 실시하고, 이를 기반으로 제주특별법 개정안이 국회에서 통과되면, 선거구 확정을 거쳐 제주형 기초자치단체가 본격 출범할 수 있게 된다.

도민들과의 약속을 이행하기 위해 노력하고 있는 오영훈 도지사의 행보에 응원을 보내며, 급변하는 시대에 걸맞은 제주형 기초자치단체의 초석이 만들어질 수 있기를 기대한다.

제주외항 2단계 개발사업,
개발과 환경 사이의 딜레마

2024.05.19

제주외항 2단계 개발사업 환경영향평가서 협의내용 동의안이 2024년 5월 도의회 상임위원회를 통과했다. 제주도청이 제시한 원안을 그대로 가결한 것이지만, 다섯 가지 부대의견을 조건으로 달았다. 공사 시 발생하는 부유물질로 인해 해양오염이 발생하지 않도록 △오탁방지막시설 등 저감계획 보강 △원활한 해수교환 검토 △준설토를 매립에 활용할 경우 오염 여부 등 확인 △부유사 확산에 따른 어업권 피해 최소화 방안을 위한 노력 △지역 주민의 다양한 의견 수렴과 해결방안 검토 등이다,

오는 2027년까지 약 650억 원의 사업비가 투입되는 이 사업을 두고, 그동안 인근 지역인 화북동 등 지역 주민들의 우려가 끊이지 않았다.

2단계 사업에 앞서 2001년부터 진행된 제주외항 1단계 사업을 추진하면서 이미 해양오염 문제가 발생했으니 2단계 사업이 추진되면 오염이 더욱 가속화될 것은 불을 보듯 뻔하다는 이유에서다.

제주외항 2단계 개발사업은 제주항 선석이 포화 상태에 이르면서 지난

2016년부터 논의가 시작되었다. 당시 사업의 골격은 총사업비 1900억 원을 투입해 제주외항 동쪽으로 2만톤급 화물선 2척이 정박할 수 있는 화물부두 420m와 해경 경비함 12척이 정박할 수 있는 해경부두 997m를 건설한다는 것이었으나 수요 예측 결과 경제성이 떨어진다는 이유로 반려된 뒤 무려 7년 동안 수면 아래로 가라앉아 있었다. 그러다가 다시 논의가 시작된 게 2024년부터다. 하지만 사업 재개를 앞두고 지역 주민들의 반발이 거셌다. 환경영향평가를 수행하면서 이 사업의 직접적 피해 당사자가 될 수도 있는 화북동 주민들의 의견을 반영하지 않았기 때문이다.

'제주외항 2단계 개발사업은 제주시 화북동 화북천 하구 주변 주민과 어민의 거주 환경과 조업에 막대한 영향을 미친다.'

'주민의견 수렴을 위해 공개한 자료에는 구체적으로 어떤 범위에서 어떤 환경영향조사를 할지가 명시되어 있지 않다'

'특히 산업 분야에서는 지역 어촌계의 어장에 미치는 영향에 대한 조사가 집중적으로 이뤄져야 함에도, 제주도가 공개한 결정내용 자료에서는 어떤 지역을 조사하는지에 대한 내용을 전혀 확인할 수 없다.'

'해안 오염에 대한 조사 범위를 명확히 정해야 하고, 이를 정하는 과정인 환경영향평가협의회에 주민대표 또는 지역주민들이 반드시 참여해야 한다.'

이처럼 주민들의 반발이 거세자 제주도는 사업 재개에 앞서 환경영향평가를 재개했다. 사업지구 일대의 해상을 이용하는 수조류의 일시적 서식지 교란, 화북천 하류와 접하는 해안 지역의 토사 영향, 공사 시 발생하는 부유물질로 인한 영향 등의 내용을 담아 인근 마을인 건입동과 화북동 주민들이 관련 내용을 파악할 수 있도록 주민설명회도 가졌다. 그럼에도 불구하고 사업재개가 코앞에 닥친 2024년 5월까지도 지역주민들의 반발은 가라앉지 않았다. 증설되는 부두에 화북천 하구가 막히면서 토사가 바다에 쌓여 수질오염과 수해 피해가 늘어날 수 있다는 우려였다.

올해 들어 사업이 본격적으로 추진되고 있기는 하지만 화북동 주민들의 우려가 완전히 가신 것은 아니다. '제주외항 1단계 사업이 진행될 때 별도봉 앞바다를 일부 매립하면서 결과적으로 주변 바다의 유속이 느려져 오염물질이 퇴적됐고, 이로 인해 수질이 상당히 오염돼 있는 상태인데, 2단계 사업까지 추진되면 수질오염이 더욱 심화될 것'이라는 우려 때문이다.

개발사업은 그 내용이 어떤 것이든 환경을 인위적으로 바꾼다는 점에서 우려가 있을 수밖에 없다. 그렇다면 지역민들의 우려를 100%까지는 해소하지 못한다 해도 어느 정도 안심할 수 있는 수준은 되어야 한다. 개발사업이 비단 인근 지역에 사는 주민들에게만 피해를 줄 수 있는 건 아니기 때문이다. 특히 천혜의 자연환경이 강점인 제주라면 더더욱 개발사업 이전의 자연환경이 가급적 그대로 유지될 수 있도록 충분한 검토를 거친 후에 사업을 추진해야 한다. 제주섬은 도민뿐 아니라 세계인들에게도 보물섬이니까.

제주버스 준공영제 7년,
'돈 먹는 하마' 오명 벗어야

2024.05.30

지난해 제주버스 준공영제가 시행 7년을 맞았다.

대중교통인 버스는 반드시 필요한 공공교통수단이지만, 제주도는 2017년 준공영제로 돌아선 후 민영제, 준공영제, 완전 공영제 운영방법을 다각도로 고민하고 있다.

민영제에서 준공영제로 옮겨왔으니 다시 돌아가기는 어려울 듯하고, 아마도 준공영제를 지속시키느냐, 아니면 완전 공영제로 전환하느냐를 놓고 많은 고심이 필요해 보인다.

제주버스 준공영제를 되돌아봐야 하는 이유는 준공영제가 실시된 후 제주버스가 '돈 먹는 하마'라는 오명을 뒤집어쓰고 있기 때문이다.

준공영제 시행 7년을 맞아 전문가들을 초청해 정책토론회를 열었었다.

한영준 서울연구원 연구위원이 '서울시 버스준공영제 현황과 발전방향'에 대해, 조항웅 인트랜 대표가 '제주버스 준공영제 향후 발전 방향'에 대해 각각 주제 발표를 했다. 그리고 송규진 전 제주교통연구소장, 강호진 공공정책센터장, 손상훈 제주연구원 연구위원, 강석찬 제주도 교통항공국장, 조필영 금남여객 운전원 등이 참가해 패널토론을 진행했다. 준공영제의 지속과 관련해 여러 가지 의견들이 제시되었다.

제주버스 준공영제가 지속되려면 버스 수요가 증가해야 한다는 필수 전제조건이 있다. 하지만 제주도의 버스 이용객은 준공영제 시행 이전과 비교해 크게 늘지 않았다. 2018년 6245만 명이던 연간 이용객 수는 2019년 6484만 명으로 약간 증가하는 듯하더니 코로나19 팬데믹 이후 2020년 5037만 명, 2021년 5313만 명, 2022년 5772만 명, 2023년 5951만 명 선에 머물렀다. 지난해 이용객 수가 6126만 명으로 집계되면서 6000만 명을 넘어선 것만으로도 다행으로 여길 정도다. 참고로 버스준공영제를 처음 도입할 때 예상했던 2024년 연간 이용객 수는 1억 명이었다.

이처럼 이용객 수는 저조한데 재정보조금은 매년 늘어나고 있다. 2018년 964억 원이던 보조금은 2020년 1002억 원으로 1천억 원을 넘기더니 2021년에 1123억 원, 2022년 1203억 원, 2023년 1237억 원으로까지 증가했다. 지난해 처음으로 1222억 원으로 감소세를 보였다. 지난해 7월 버스 75대를 줄인 영향의 결과로 보인다.

엄청난 규모의 재정이 투입되고 있음에도 불구하고 수송분담률은 여전히 높지 않고, 운영자의 도덕적 해이와 교통정책 담당자의 안이함만 지적해야 하는 상황이 안타깝다.

대중교통인 버스 교통정책은 이해관계인이 많아 해결책을 찾아가기 쉽지 않은 게 현실이다. 교통 총수요관리정책차고지증명제, 교통유발부담금, 렌터카총량제, 도로다이어트, 중앙차로제 등이 함께 병행되어야 성공할 수 있는데, 버스 준공영제가 언제쯤 '돈 먹는 하마'라는 오명을 벗을 수 있을지 착잡한 마음이다.

'제주-서울 2시간 30분 시대'
해저고속철도 논의

2025.04.29

이동권은 대한민국 국민의 기본적인 권리다. 장애 유무 또는 남녀노소를 불문하고 모두에게 편안한 삶을 보장하기 위해 유니버설 디자인을 도입하는 등 국가가 여러 노력을 기울이는 것도 모두 이러한 기본권을 보장하기 위해서다. 이동권에는 개인이 국가의 영토 내에서 자유롭게 이동할 권리, 그리고 해외의 다른 곳으로 갔다가 돌아오는 권리가 모두 포함된다. 그런데 '이동권'이라는 측면에서 보면 제주도민은 자유롭다고 말하기 어려울 것 같다.

제주도민들이 섬을 떠나 다른 지역으로 갈 수 있는 수단은 항공기와 선박밖에 없다. 그런데 선박을 이용하는 비율은 고작 4.3% 정도밖에 되지 않으니 대부분이 항공기를 이용하는 셈이다.

이 두 가지 연륙 교통수단에는 치명적인 약점이 있다. 기상 악화에 대비할 수 있는 선택지가 전혀 없다는 점이다. 특히 항공은 소음으로 인해 주변 지역 주민들에게 적지 않은 피해까지 주고, 탄소 발생이 가장 높은 교통수단이다.

제주도는 관광산업이 중심이 되는 곳이지만 제주도민들에게 항공은 그저 대중교통수단이라고 할 수 있다. 그러나 항공사들은 민간 기업이기에 수익 극대화가 최우선 목표이기 때문에 국제선을 우선 편성할 수밖에 없다. 결국 제주도민들이 그 피해를 고스란히 떠안게 된다. 뿐만 아니라 무안공항에서의 참사와 같은 일이 발생하기라도 한다면 항공 수요가 급감해 관광객이 감소하면서 지역 경제에 엄청난 타격을 줄 수도 있다.

관광객뿐 아니라 제주도민들의 행복한 삶을 위해서라도 새로운 교통 대안이 필요한 시점이다.

그 대안으로 제주와 서울을 잇는 해저고속철도를 제안한다.

'해저고속철도'를 말하면 뜬금없다고 생각하는 사람들이 있는데, 이는 그간의 과정을 잘 모르고 하는 얘기다. 제주도에서 '해저고속철도'가 의제로 처음 올라온 것은 2007년이다. 이후 2011년, 2022년, 2023년에도 꾸준히 언급됐지만 혹여라도 '제2공항' 추진에 방해가 될까 봐 제주에서 해저고속철도는 일종의 '금기어'가 돼버렸다. 처음 화두를 꺼낸 측이 전라남도였기에 제주는 그동안 주체적인 입장이 아니었지만 제주섬에서의 교통수단 다양화라는 측면에서 이제는 주체적으로 나서야 할 때다.

'해저터널'이라는 용어도 잠시 등장한 적이 있지만, 내가 얘기하고자 하는 건 서울에서부터 제주까지 철도망을 잇는 '해저고속철도'다. 물론 향후 추진이 된다면 중간 기착지로 대전이나 광주 정도가 추가될 수 있겠지만, 이 해저고속철도의 기본 노선은 서울과 제주다.

해저고속철도는 항공 교통과 달리 많은 장점을 갖고 있다.

첫째, 이용 시간에 제약이 없다. 일각에서는 제주 경제 활성화를 감안해

24시간 비행기가 뜨고 내려야 한다고 주장하지만 공항 소음 피해 등을 고려하면 제주국제공항은 김포공항과 김해공항처럼 야간 이착륙제한시간커퓨타임이 지정돼야 한다.

둘째는 기상 악화로 인한 항공기와 선박의 지연과 결항 문제에 대비할 수 있다는 점이다. 제주공항의 연평균 결항 편수는 5,000~6,000편에 달한다. 결항이 발생하는 순간 제주는 고립된 섬이 돼버린다.

셋째는 탄소중립 시대에 대한 대비다. 항공기는 탄소발생이 가장 높은 교통수단으로 알려져 있다. 그래서 프랑스 등 유럽권에서는 비행 시간이 2시간 30분 이내일 경우 항공기 이착륙을 금지하고 있기도 하다. 항공기와 달리 재생에너지를 이용하는 고속철도는 탄소 발생이 거의 제로에 가깝다.

넷째는 긴급 이송문제, 항공좌석난, 공항 주차난 등 개별적이고 구체적인 항공 교통의 한계점들에 대응할 수 있다는 점이다. 감귤 등 1차 산업

비중이 높은 제주에서의 물류비용 절감, 건축자재 등 원자재 이동의 원가 절감 등의 효과가 적지 않을 것이다.

물론 해저고속철도도 장점만 있는 건 아니다. 가장 우려되는 지점은 '제주섬의 고유 특성과 정체성이 훼손될 수 있다'는 점이다. 고속철도로 육지와 연결된다고 해서 섬의 가치가 사라질 것이라는 주장에도 여러 반론이 있을 수 있지만, 이에 대한 우려가 많은 것은 사실이다. 관광객이 증가할 경우 환경 수용 총량을 넘어서 오버투어리즘으로 이어질 수 있고, 이로 인한 갈등도 유발될 수 있다. 마지막으로는 해양생태계에 영향을 미칠 수 있다는 우려인데, 이는 걱정하지 않아도 된다. 해저고속철도 자체가 바다 밑의 땅을 파 건설하는 것이라 해양생태계에 미치는 영향은 미미할 것이기 때문이다.

2011년에 시행된 국토교통부의 제주-호남 해저고속철도 타당성 조사에서도 긍정적인 결과가 나온 만큼, 이제부터는 제주도가 주체적으로 나서 해저고속철도 논의를 수면 위로 끌어올리면 어떨까? '제주-서울 2시간 30분' 시대가 그리 먼 얘기만은 아닐 것이다.

'청정 지하수 보전' vs '도민 재산권 보호'

2023.02.09

'청정 지하수 보전' vs '도민 재산권 보호'.

도시계획조례는 도시관리계획 수립, 개발행위 허가, 용도지역·용도지구·용도구역에서의 건축제한, 도시계획시설사업 시행 등 도시계획과 관련한 전반적인 내용을 담고 있기에 거의 모든 항목이 도민의 재산권과 직결된다. 그래서 개정안이 제출될 때마다 주요 쟁점을 둘러싸고 첨예한 대립구도가 형성되곤 한다.

지난 2023년 2월, 2017년에 개정된 도시계획조례에 대한 개정안이 5년 만에 도의회에 제출됐다. 2017년 개정 당시 핵심은 '하수관로를 공공하수관로에 연결하는 경우에만 개발행위를 허가한다'는 것이었다. 지하수 보전과 난개발 방지를 위해서였다. 그런데 이 규정이 시행된 이후 예기치 못한 문제가 발생했다. 자본이 든든한 건축주가 막대한 비용을 들여 공공하수관로에 하수관로를 연결하면 공동주택이나 숙박단지 등에 대해 아무런 제약 없이 건축을 할 수 있게 된 것이다. 이로 인해 도내 공공하수처리시설은 포화 상태에 이르렀고, 하수처리구역 외 지역에 대한 공공 하수도 연결 문제가 하수도법에 맞지 않는다는 등의 논란이 야기됐다. 5년 만에 도의회에 제출된 개정안은 이런 당장의 문제점을 해소하기 위한 궁여지책이었다.

새롭게 제출된 개정안에서는 '개인오수처리시설을 허용하는 대신, 표고 300m 이상 중산간 지역에 대해서는 공동주택과 숙박시설 등을 불허하고, 2층 이하의 150㎡ 이하 면적의 건축물만 허가'하는 내용을 담았다. 그런데 이 개정안도 많은 문제점을 안고 있었다. 공공하수처리시설의 과포화를 줄이기 위해 공공하수관로의 연결을 최소화하고 중산간 지역의 난개발을 방지한다는 데 초점을 맞춘 것인데, 개인 오수처리시설이 우후죽순 증가할 수 있는 가능성이 열려버린 것이다. 개정안이 제출될 당시에도 개인 오수처리시설이 1만여 개로 지하수 오염원 비율이 8%에 달했는데, 개인 오수처리시설에 대한 철저한 관리와 규제 방안이 함께 마련되지 않으면 지하수 오염이 더욱 증가하게 될 것이 불을 보듯 뻔했다. 또 표고 300m라는 기준도 재산권 제한을 감내해야 하는 주민들에게 설득 논리가 부족했다. 하수량의 증가를 충분히 예견할 수 있었음에도 불구하고 공공하수처리 시설 증설에 실패한 행정의 책임은 도외시한 채 가장 손쉬운 방법인 재산권 제한을 택해 도민들에게 책임을 전가했기 때문이다.

다른 때와 달리 이번 도시계획조례 개정안은 건설업계 관계자나 토지주 등 이해당사자들이 재산권 침해를 이유로 반발하면서 부결됐다가 10월에야 통과됐다. 우려했던 대로 최종 개정안에서는 '표고 300m 이상'이라는 부대조건이 삭제되고, 대신 토지 여건에 따라 보전이 필요한 지역의 경우, 개발행위 허가 기준을 강화하는 방향으로 수정되었다.

도시계획조례는 천혜의 자연을 간직한 섬, 제주라는 특성 탓에 청정 지하수를 보전하면서 난개발을 방지하고, 그러면서도 건축행위와 관련한 도민의 재산권은 보호해야 한다는 명제 탓에 늘 고민이 많을 수밖에 없다.

도시 미관 해치는
불법 현수막과의 전쟁

2022.08.24

'현수막 공해'라는 말이 생겨날 정도로 전국이 현수막으로 몸살을 앓고 있다.

과연 매년 전국에 내걸리는 현수막은 몇 개나 될까?

정확한 통계치는 나와 있지 않지만 세명대 저널리즘대학원이 운영하는 비영리 독립언론인 '단비뉴스'가 추산한 예측치는 있다. 전국의 현수막 지정 게시대와 면수 등을 근거로 추산해보니 매년 전국에서 내걸리는 현수막은 160만 개, 무게로는 100톤, 길이로는 8,000㎞에 달한다고 한다. 러시아의 동서 길이가 약 9,000㎞이니, 8,000㎞가 얼마나 긴 거리인지 상상할 수 있다.

그렇다면 제주도에는 얼마나 많은 현수막이 내걸리고 있을까? 행정시를 통해 정비된 불법광고물 현황을 보면, 현수막은 2020년 6만 1,144개, 2021년 3만 4,484개, 2022년 31만 7,751개, 2023년 7만 2,947개가 적발돼 이행강제금과 과태료가 부과됐다. 지정 게시대에 합법적으로 걸리는 현수막까지 합한다면 매년 수십만 개의 현수막이 내걸린다고 할 수 있다. 혐오와 비방이 난무하는 정치 현수막도 눈살을 찌푸리게 하지만, 현수막으로 인한 교통 방해와 안전사고 발생 가능성 등이 더 큰 문제일 수 있다. 그런데 그보다 더 큰 문제가 숨어 있다. 환경 오염이다. 폐현수막은 썩는 데 50년 이상이 걸리고, 소각할 때 현수막 1장당 4㎏ 이상의 온실가스가 발생하는 것으로 알려져 있다. 일부를 재활용한다고는 하지만 그 비율은 여전히 낮고, 대부분 매립 또는 소각의 대상이 된다.

지난 2023년, 제주 4.3 75주년 추념식을 앞두고, '제주 4.3'을 비방하는 현수막이 제주도 곳곳에 내걸렸다. 도시 미관을 해치는 것도 문제지만, 혐오와 비방 문구가 난무하는 정치 현수막을 보고 있자니 참담함마저 느껴졌다. 불법 현수막들은 지정 게시대 바로 옆에도 버젓이 걸린다.

행정이 단속을 하지만 금요일부터 일요일 저녁까지 불법 현수막들은 행정과 숨바꼭질을 벌인다. 걸었다 철거하고, 또다시 걸고……. 행정이 따라가기 버거울 정도다.

2023년 12월 도의회에서 통과된 〈제주특별자치도 옥외광고물 등의 관리와 옥외광고산업진흥에 관한 조례〉를 대표발의하면서 여기저기 나부끼는 정치 현수막이 사라지기를 기대했지만, 상위법 위반 소지 등으로 인해 일부 수정안이 통과되었다.

미진하지만 원칙적으로 광고실명제를 도입하고, 정당현수막은 국회의원 선거구별 각 읍·면·동에 2개 이내로 제한하며, 제주 4.3 관련 희생자와 유족의 명예를 훼손하고 모욕적인 내용을 담은 현수막은 게시할 수 없도록 하는 것 등이다.

조례가 개정되고 나서 불법 현수막은 다소 줄어든 듯하다. 전체 통계는 나와 있지 않지만 올 7월 제주도가 정당 현수막을 전수조사한 결과 114건 중 26건이 불법으로 확인되었다고 한다. 하지만 아직도 갈길이 멀다. 아무리 정치적 의사 표현의 자유와 정당정치가 존중되어야 한다고 할지라도 정신적, 환경적 공해와도 같은 수준의 현수막은 철거되어야 한다. 나를 비롯한 정치인들이 성찰하고 반성해야 할 일이다.

우리 아이들이 살아갈 미래를 생각한다면 불법 여부를 떠나 현수막 자체의 문화가 점차 사라져야 한다. 디지털의 AI시대에 걸맞게 홍보문화가 달라져야 한다. 하지만 당장 그렇게 할 수는 없으니 최소한 도시 미관이라도 해치지 않았으면 하는 바람이다.

공공체육시설,
명절 연휴에도 문 연다

2025.05.21

생활체육은 단순한 개인의 건강관리 차원을 넘어, 건전한 여가 활동을 통해 도민의 삶의 질을 향상시키고, 의료비를 절감하며, 사회적 교류를 증진시키는 등 사회문화적 측면에서도 중요한 기능을 수행한다. 그래서 연휴 기간 중에도 도민들이 공공 체육시설을 자유롭게 이용할 수 있어야 한다.

그런데 제주도의 공공 체육시설은 설날과 추석 당일을 포함해 설연휴 및 추석연휴 기간 전체와 매주 1회를 휴관일로 규정하고 있어 명절 연휴 기간에는 체육시설을 이용할 수 없다. 연휴 기간 동안 공공 체육시설이 문을 닫으면 운동을 생활화하고자 하는 노력이 단절돼 개인의 여가 활용에 어려움이 생긴다.

공공 체육시설의 휴관일 등에 관해서는 〈조례〉에 규정돼 있다. '제주특별자치도 체육시설 설치 및 운영 조례'다.

올해 이 조례의 개정안을 대표 발의했다.

설날과 추석 당일만을 휴관일로 명시하고, 그 외 연휴 기간은 시설 운영 주체의 판단에 따라 개방 여부를 결정할 수 있도록 한 것이다. 정기 휴관일인 매주 1회 휴관은 기존과 동일하게 유지된다. 조례가 개정됨에 따라 공공 체육시설이 도민 수요에 맞춰 탄력적으로 운영될 수 있지 않을까 기대해 본다.

작은 변화지만 도민의 눈높이에 맞는 공공서비스 제공이라는 목표에 한 발 더 다가서는 것이고, 연휴 동안 스포츠관광객을 유치하는 효과도 있을 것이다.

개관일이 확대되면 공공체육시설 내 근로자들의 휴식권에 대한 우려가 제기될 수 있지만, 이 문제는 제주도가 근로자의 임금과 처우를 개선하면 될 일이다. 도민 건강권과 근로자의 휴식권 간 균형 있는 정책을 통해서 말이다.(※2025년 12월 현재 아직 문화관광체육위인 상임위에서 심사 보류 상태에 있다.)

'제주국립묘지 이장비 지원 조례'
일부 개정안 대표 발의

2025.05.26

제주도는 육지와 달리 불과 몇 년 전까지만 해도 국립묘지가 따로 없었다. 그래서 국가유공자라 하더라도 시 또는 읍·면·동의 충혼묘지에 안장되거나 가족묘지에 모실 수밖에 없었다.

제주도 최초의 국립묘지인 제주호국원이 개원한 것은 2021년 12월이다. 제주호국원이 개원하고 나서야 순국선열과 호국영령들을 한자리에 모셔 추모할 수 있게 됐다. 제주호국원이 개원하자 지역의 충혼묘지나 가족묘지에 모셨던 국가유공자를 호국원으로 이장하려는 수요가 생겼는데, 국비로는 이장비가 지원되지 않아 유족들에게 경제적 부담이 될 수 있었다. 그러자 제주도는 호국원 개원과 더불어 전국 최초로 〈제주도 제주국립묘지 이장비 지원 조례〉를 만들어 유족들에게 25만 원의 이장비를 지원해왔다.

그런데 이 조례는 국가유공자 본인만 지원하는 것이어서 배우자와 함께 안장을 원할 경우 추가 부담이 발생했다.

국립제주호국원 개원식
대한민국의 영웅, 한라에 오르다!

국가를 위해 헌신한 분들인데 마지막 가는 길은 외롭지 않아야 하지 않을까. 경제적인 부담 없이 부부가 함께 존엄하게 안장돼 마지막 길을 함께 할 수 있도록 하고, 더불어 국가유공자와 유가족들에 대해서도 실질적인 예우와 지원이 필요하다고 생각했다.

그래서 지난 5월 〈제주도 제주국립묘지 이장비 지원 조례〉 일부 개정안을 대표 발의했다.

개정 조례에서는 이장비의 지원 범위를 국가유공자와 배우자로 확대하고, 지원금도 기존의 25만 원에서 50만 원으로 상향 조정했다. 이 조례 자체가 제주의 특수한 상황을 고려해 지방비로라도 지원할 수 있도록 하기 위해서였다. 호국영령들과 순국선열 유족들께 조금이라도 도움이 되기를 바랄 뿐이다.

5

제주의
지속가능한 미래

2024 곶자왈 심포지엄
Gotjawal Symposium 2024

렌터카총량제-불편한 대중교통,
끝나지 않는 딜레마

2022.08.24

제주도에 렌터카가 처음 등장한 건 1978년이다.

당시 우리나라에서 자동차는 소유의 개념이 강했고, 육지에서는 내 집과 자가용이 부의 상징이나 다름없었다. 하지만 제주도는 달랐다. 박정희 정권이 제주도를 관광지로 본격 육성하면서 1970년대에 중문관광단지가 개발됐고, 제주국제공항 활주로도 확장되었다.

이때 토종 기업인 (주)제주렌터카가 30여 대의 차량으로 제주도에서 처음 렌터카 영업을 시작했다. 이후 제주도는 렌터카의 본고장으로 성장하기 시작했고, 2006년에는 전국 최초로 등록대 수 1만 대를 돌파했다. 그리고 8년 만인 2014년 2만 대를 넘어서더니 대기업들까지 시장에 가세하면서 2017년에는 3만 대마저 훌쩍 넘겨버렸다.

렌터카가 이처럼 급증하면서 그에 따른 부작용이 나타나기 시작했다.

제주공항은 거대한 주차장이나 다름없었고, 버스와 택시, 자가용 등이 뒤엉켜 극심한 교통 혼잡이 끊이지 않았다.

제주도의 인구 1명당 자동차 보유대 수는 1.07대로 전국 평균(0.52대)의 두 배를 넘어선다. 등록 인구가 66만 명이니 사람보다 자동차가 더 많다고 할 수 있다. 물론 이 수치는 렌터카, 기업용 차량 등도 모두 포함된 것이라 실제로 도민 1인당 자동차 소유대 수는 전국 평균치를 살짝 웃도는 정도다. 증가한 자동차 대수도 문제지만 렌터카를 이용하는 운전자들이 유발하는 교통사고도 적지 않다.

그러자 제주도가 특단의 조치를 시행하기로 했다. 렌터카총량제다. 이를 위해 2017년 열린 렌터카수급조절위원회에서 제주도의 적정 렌터카 총량을 산정해보니 2만 5,000대라는 수치가 나왔다. 이듬해 제주도는 렌터카 수급 조절 계획에 대한 법률적 기반을 확보하고, 2018년 9월 전국 최초로 렌터카총량제를 전격 시행했다. 그러면서 동시에 렌터카 신규 허가도 제한했다.

하지만 렌터카총량제 논의가 진행되는 사이 도내외 업체들도 손 놓고 있지만은 않았다. 렌터카총량제가 시행되기 전 선제적으로 렌터카를 증차한 것이다. 렌터카 업체의 신규 진입은 막았지만 이미 증가한 기존 차량을 줄이는 게 관건이었다. 업체들의 자발적인 감축에 호소하는 것 외에 뾰족한 방법이 없었다. 도내 일부 업체는 자율 감축에 참여하겠다는 의사를 밝히기도 했지만 대기업 등 상당수는 이에 응하지 않았다. 이에 대해 제주도가 운행제한 처분으로 맞서자, 업체들은 행정소송으로 대응했다. 행정소송 결과 제주도가 패소하면서 렌터카총량제는 시작부터 치명상을 입었다.

이런 과정을 거쳐 제주도의 렌터카는 3만 대 아래로 유지되고, 신규 영업 등록은 차단되었다. 2025년 현재 등록된 도내 렌터카 수는 2만 9,785대로 집계되고 있다.

렌터카총량제는 당초 2022년 9월에 종료될 예정이었는데, 2024년 9월까지 연장됐다가 2026년 9월까지로 한 차례 더 연장됐다. 렌터카 감축이 목표치에 이르지 못했기 때문이다. 2024년 9월까지 1,500대 '자율감차' 목표를 세웠지만, 실제 감차 대수는 목표율의 1%인 15대에 그쳤다. 소기의 성과가 있었다면 2018년부터 2022년까지 3,814대목표는 6,111대를 감차했다는 것 정도라고 말할 수 있다.

2026년에는 어떻게 될지 아직 예측하기 어렵다. 하지만 제주에서 차량의 증가는 사회적 비용 증가로 이어지고, 그 기회비용은 고스란히 도민들에게 돌아올 것이다. 렌터카 수급 조절은 '자동차 중심 도시'에서 '보행자와 대중교통 중심 도시'로의 전환을 꿈꾸는 제주에서 흔들림 없이 지속적으로 추진돼야 하는 정책이다. 물론 그 전제조건으로 렌터카 없이도 편리하게 이동이 가능한 대중교통 체계가 제대로 자리 잡아야 하겠지만 말이다.

어민들과 함께 연구하며
해양산업 발전의 답을 찾다

2024.05.25

2023년 11월 어느 날, 제주시 서부지역 어선 어업인들이 의원실을 찾아왔다.

제주는 사면이 바다로 둘러싸인 섬이니 오래 전부터 바다를 밑천으로 생계를 꾸려가는 어업인들이 적지 않다. 그런데 한편으로는 관광객이 증가하면서 낚시, 수상레저 등 취미활동을 하는 이들도 늘었다. 수산자원이 제대로 관리 보호되고, 동시에 건전한 수상 레저활동이 이뤄진다면 어업인들과 레저인들이 모두 만족할 수 있을 텐데, 현실은 그렇지가 못하다.

관련 법이 미비하니 이건 비단 제주도만의 문제가 아니다 조정과 타협이 이뤄지기도 어렵다. 그러다 보면 심각한 적대적 관계로 비화되기도 한다.

어업인들 입장에서는 취미활동을 즐긴다는 이유로 자신의 생계 수단인 어선에 바짝 다가와 무차별적이고, 무제한적으로 고기를 잡아가는 행위가 위협적으로 느껴질 수 있다. 상황이 심각해지면 어장이 파괴되는 결과까지 초래될 수 있다.

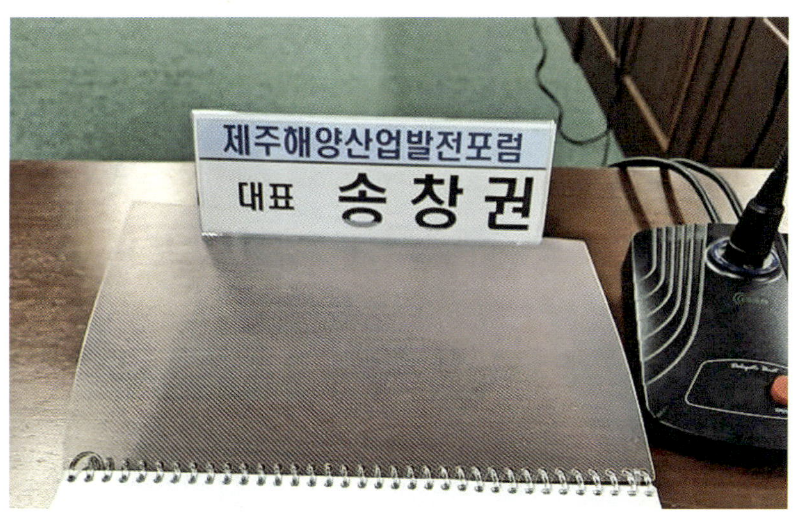

이처럼 갈등이 발생할 때 그 갈등을 조정하고, 적절한 타협안과 대안을 모색하는 게 정치의 영역일 것이다.

이날 의원실로 찾아온 어업인들과 1시간 남짓 대화를 나누면서, 가장 크게 고민한 것은 '우선순위를 어디에 둘 것인가'였다.

'생존과 생계가 걸려있는 일', 그리고 '취미로 하는 일'.

어떤 중요한 일도 생명보다 우선시될 수는 없으니 '생명 우선'을 원칙에 두고 해법을 찾아가야 하지 않을까.

이날 어민들이 나를 찾아온 이유는 내가 제주해양발전포럼을 이끌고 있었기 때문이다.

도의원이 되고 나서 다양한 분야를 다루다 보니 상대적으로 전문성이 떨어지는 분야가 눈에 보이기 시작했다. 해양 산업이 그중 하나였다. 제주는 섬인지라 해양과 관련한 이슈들이 많다. 하지만 나는 해양수산 분야

전문가가 아니었기에 고민하다 도의회에 연구 단체를 만들었다. 그 결과 2022년에 창립한 '제주해양산업발전포럼'은 해양산업의 발전과 해양산업 환경변화에 대한 대응 등을 다루고 있다.

포럼에서는 이처럼 어민들의 이야기도 듣지만, 해양 산업과 관련한 다양한 정책 수립에 보탬이 될 수 있도록 여러 가지 활동도 하고 있다.

2023년에는 제주도 해양교육 및 해양문화 활성화 기초 연구용역을 실시한 후 '후쿠시마 원전오염수 해양 방류 대응'을 위한 정책토론회를 열었고, 2024년에는 활동 범위를 넓혀 제주도 크루즈활성화를 위한 정책 방안, 비어업인 수산자원 포획·채취에 관한 상생 방안, 연안 어선을 대상으로 한 수산물유통 개선방안, 낚시면허제도 도입 등 다양한 범위를 다뤘다. 해양생태 환경 보호도 우리의 몫이니 제주도 해양쓰레기 수거 및 처리를 위한 정책, 멸종 위기 남방큰돌고래 생태 법인 제도 도입 등에 관한 토론회도 열었다.

길지 않은 시간이지만 그렇게 포럼활동을 하는 사이 해양 수산 분야에 관해서 차츰 알아가게 되었다.

올해 포럼에서 새롭게 시작한 연구는 해양치유지구 지정을 위한 기초 자료조사다. 제주는 2024년부터 5년간 총 사업비 480억 원이 투입될 제주 해양치유센터 사업을 추진 중이다. 포럼의 성과를 기반으로 향후 해양수산부가 지정 공모하는 해양치유지구로도 지정된다면 미력하나마 힘을 보탰다고 자부할 수 있을 것 같다. 해양치유지구는 제주의 미래 해양관광 전략의 핵심축으로, 지역 내 일자리 창출뿐 아니라 지역 경제 활성화에도 기여할 수 있을 테니 말이다.

제주해양산업발전포럼,
크루즈 산업에 돛을 달아주다

2024.06.13

도의회 의원연구모임인 제주해양산업발전포럼에서 활동하다 보니 해양과 관련한 제주의 다양한 산업을 접할 수 있는 기회가 많다. 그동안 크게 관심을 두지 않았던 분야에 대해서도 조금씩 식견이 생기고 있다.

관광 분야에서 가장 큰 화두로 떠오른 크루즈 산업도 그중 하나다.

크루즈 관광이 제주에서 처음 시작된 것은 2004년. 첫 해 크루즈 관광객 수 753명으로 시작해 매년 조금씩 증가하다가 2016년에는 120만 명을 넘기며 최고치를 찍었다. 안타깝게도 우리 정부의 주한미군 고고도 미사일 방어체계사드 배치에 따른 중국 정부의 보복인 '한한령' 여파로 이듬해에는 다시 18만 명 수준으로 뚝 떨어졌지만 말이다.

그런데 이 수치가 가까운 시일 내에 회복될 것이란 전망이 나오고 있다. 당장 올해만 해도 크루즈 관광객수가 80만 명 정도에 달할 것으로 전망된다. 코로나19로 인해 2020년부터 3년간 크루즈선이 멈춰 있었다는 점을 감안한다면 상당히 놀라운 진전이다.

더욱이 2019년부터 본격적으로 운영되기 시작한 강정항은 그동안 단순 기항지 휴게소처럼 잠시 내렸다가 탑승하는 경유지였던 제주도를 크루즈 여행의 출발지가 되는 준모항으로 바꿔 그 기대감이 더욱 높아진 상황이다. 강정에서 출발해 상해와 일본을 거쳐 다시 강정으로 돌아오는 크루즈는 올해 33항차 운항이 계획되어 있다고 한다.

이처럼 크루즈 관광이 활성화되고 있지만, 제주도는 여전히 그에 걸맞은 인프라를 갖추지 못하고 있다.

지난해 6월, '제주 크루즈산업 활성화 기초 연구용역' 정책토론회를 실시한 것은 바로 이러한 문제점들을 면밀히 살펴 정책적인 뒷받침이 필요한 사항들을 점검하기 위해서였다. 이날 정책토론회에서는 크루즈 관련 업무 전담팀과 정무부지사 산하 컨트롤타워 구축 등 조직 재구성이 필요하다는 의견이 대두되었다.

사실 크루즈 산업은 업무의 범위가 넓고 다양해 관련 부서 및 기관들 사이의 협업이 필수적이다. 하지만 이를 총괄할 컨트롤타워는 부재하다. 뿐만 아니라 크루즈 터미널 CIQ세관·출입국·검역 관련 문제점도 개선되지 않고 있다.

정책토론회 결과 △정무부지사 산하 크루즈 조직 컨트롤타워 구축 및 관련 예산 확대 △무인자동심사대 설치 및 주차장 확보 등 강정항 인프라 보강 △개별 여행객을 위한 맞춤형 관광프로그램 개발 및 선사 인센티브제 강화 △제주시·서귀포시의 크루즈관광객 홍보마케팅 실시 등 크루즈 관광 활성화를 위한 다양한 의견들이 제시되었다.

제주해양산업발전포럼이 주체적으로 나서서 시작한 정책 제안은 제주도정이 크루즈 산업 활성화를 위한 정책을 수립하는 데 적지 않은 힘을 보탰다. 크루즈 관광객의 입국심사 시간을 단축하기 위한 여러 조치들이 취해졌고, 제주산 농수산물의 선용품 납품 확대, 노선버스 배차 확대 등 실질적인 변화가 일어난 것이다. 또 올해 하반기부터는 강정항을 통해 들어오는 크루즈 관광객들을 위한 '서귀포 크루즈 페스타'도 진행하고 있다. 크루즈에서 내리자마자 함박웃음으로 환영해주는 현지인들을 만난다면 제주 크루즈 여행이 오래도록 기억에 남을 것이다.

제주 삼다수 마스터스 골프대회
개최지 변경 논란 유감

2024.02.20

삼다수는 청정 제주를 대표하는 상징성을 가진 브랜드다.

지난 1998년 12월 처음 출시되자마자 단 3개월 만에 국내 생수 시장 1위에 올라서며 제주의 '먹는 샘물'에 대한 전 국민의 전폭적인 지지를 받았다. 삼다수가 이처럼 단기간에 급성장할 수 있었던 건 '청정한 제주의 지하수' 덕분이다.

제주에 삼다수가 있다면 프랑스에는 에비앙이라는 글로벌 럭셔리 생수 브랜드가 있다. 에비앙이 생산되는 곳은 프랑스의 산자락에 위치한 인구 9,000명의 작은 휴양도시다. 이 에비앙은 럭셔리 생수 브랜드로 포지셔닝하는 전략으로 1994년 유럽 여자 골프 투어를 시작했다. 얼마 지나지 않아 유럽 여자 골프 투어는 유럽의 2대 메이저 대회로 올라섰고, 2000년부터는 미국 LPGA 메이저 대회로까지 성장했다. '에비앙 챔피언십 골프대회'를 위해 매년 수만 명의 관광객이 에비앙이라는 작은 도시를 찾는다.

매년 8월경 제주에서 열리는 '제주 삼다수 마스터스 골프대회'는 이 에비앙 챔피언십을 벤치마킹한 것이다. 2014년 1회 대회를 시작으로 올해 12회째를 맞고 있다.

그런데 지난해 '제11회 제주 삼다수 골프대회'를 앞두고 도민 사회에 한바탕 논란이 있었다. 대회를 주최하는 제주개발공사가 11회 대회를 제주가 아닌 수도권에서 개최하는 방안을 논의하고 있다는 소식이 전해진 것이다.

'말도 안 되는 소리네~'

이 뉴스를 접하자마자 든 생각이다.

제주개발공사는 제주도가 100% 출자한 제주의 대표적인 공기업으로 '제주 자원으로 가치를 창출해 도민에게 기여한다'가 기업의 미션이다. 따라서 도의회가 매년 결산과 관련한 업무 보고를 받는다. 대회 개최지 이전과 관련한 사항은 결산 보고를 할 때 전후사정을 통해 설득해야 하는 일이다. 당시 들리는 소식으로는 제주개발공사 임원진들이 '삼다수 판매량이 전국에서 최고인 서울과 경기도, 인천 등 수도권이라는 점을 감안해 마케팅 차원에서 수도권에서 대회를 개최하는 것이 바람직하다'고 주장했다는 것이었다. 사정을 알아보니 제주개발공사가 조직 개편을 통해 대회 담당 부서를 사회공헌팀에서 영업본부 마케팅팀으로 변경했고, 담당 부서가 바뀌자 지역의 스포츠·문화 육성보다는 제주 삼다수의 홍보 강화와 수출 시장 다변화 등을 위한 공격적 마케팅에 방점을 두었다는 것이다.

이러한 결정이 나오게 된 배경은 제주개발공사 임원진을 굳이 대면하지 않아도 알 수 있었다. 제주개발공사는 제주도민의 혈세로, 그리고 제주의 청정 공공자원인 지하수를 바탕으로 설립된 제주의 대표적 공기업인데, 임원진들이 그 설립 취지를 제대로 이해하지 못한 것이다. 제주개발공사가 취약한 부분인 주택 분야를 강화하기 위해 주택 관련 전문가를 신임 사장으로 선임했더니 삼다수에 대한 이해는 턱없이 부족한 채 영업·마케팅 측면에서만 이 대회를 바라본 것이다.

물론 10년 동안 진행해온 대회에 대해 한 번쯤은 평가할 때도 됐다. 그동안의 성과를 보면 '제주 삼다수 마스터스 골프대회'를 다른 지역에서 굳이 개최할 이유가 없다. 지난 2023년 대회의 경우 지역경제 파급효과가 144억 2천만 원으로 전년에 비해 13.3%나 증가한 것으로 추산되었다.

다행히 대회 개최지 변경은 한 차례의 논란으로 정리되고, 11회 대회와 올해의 12대 대회 모두 제주에서 열렸다. 하지만 적어도 제주개발공사의 임원이라면 공사의 가치와 상징성만큼은 정확히 이해하고 있어야 하지 않을까.

생명의 물길과 함께하는 전통,
용천수 축제

2022.08.14

내 지역구인 외도동, 이호동, 도두동에서는 매년 여름 용천수를 기반으로 한 물 축제가 열린다.

지난해부터 '도두동 오래물축제'에서 명칭을 변경해 '도두썸머리워터페스티벌'로 열리고 있는 도두동의 축제는 올해로 23회를 맞았고, 이호동의 이호테우축제는 20회, 외도동의 월대천축제는 10회를 맞고 있다. 매년 7월 하순부터 8월 초까지 순차적으로 열리는 축제들이다.

용천수는 지하에서 흐르던 물이 지표와 연결된 지층이나 암석의 틈을 통해 솟아나오는 지하수로, 근대식 상수도 시설이 보급되지 않았던 1980년대 이전까지 제주의 식수원이자 생활용수, 농업용수로 이용된 생명수이자 젖줄이다. 용천수가 대부분 해안가를 중심으로 솟아나다 보니 마을도 자연스럽게 해안가를 중심으로 형성되었다.

'오래물'이라 불리는 도두동의 용천수는 한라산 어승생악 800m 고지 이

상에서 시작해 화산 암반 속을 타고 내려오다 도두동 해안가에서 용솟음친다. 물론 지금은 용천수를 식수로 사용하지는 않는다. 대신, 용천수에 몇 분 정도만 발을 담가도 뼛속까지 시릴 정도로 시원하니 한여름 물놀이 장소로 관광객과 도민들이 많이 찾는다. 축제 명칭인 '도두썸머리워터페스티벌'의 '썸머리'는 도두동의 한자를 풀이한 것으로, '섬머리도두마을'에서 가져온 것이다.

이호테우축제가 열리는 이호동의 용천수는 이호테우해수욕장 입구의 서마을에 위치한 대물큰 용천수와 문수물 두 곳이 유명하다. 대물은 물이 많이 솟아나 붙은 명칭인데, 지금은 이용하는 사람이 거의 없고, 대물에서 나온 용천수가 이호테우해수욕장으로 흘러 들어간다. 문수물은 이호테우해수욕장 모래사장 안에 자리하고 있다. 밀물일 때는 문수물이 보이지 않을 정도지만, 물이 빠지고 나면 모래 해변 위에 우물처럼 동그란 문수물이 모습을 드러낸다. 이호테우해수욕장을 찾는 관광객들은 붉은 색과 흰 색의 말 등대만 기억할지 모르겠지만, 이호테우해변에는 오래도록 사랑받아온 전통 어로방식도 복원해서 원형대로 남아 있다. 제주에서도 가장 큰 쌍원담이다. 원담은 밀물 때 들어온 고기 떼가 썰물 때 빠져나가지 못하도록 돌로 만든 담으로 제주의 전통적인 어로 방식이다. 지금은 들어오는 고기가 거의 없지만, 축제 기간에는 이 원담에서 맨손으로 고기를 잡아볼 수 있다.

외도동의 용천수는 월대천과 도근천, 고망물 등이 대표적이다. 알작지해안과 만나는 지점에서 볼 수 있는 월대천은 한국 100대 명수에도 꼽힐 정도로 수질과 수량이 뛰어나다고 알려져 있다. 월대천은 과거 맑은 물에 비친 달그림자를 감상하며 풍류를 즐기던 명소이기도 하다. 수령 500

년이 넘는 팽나무와 250년 이상 된 소나무가 하천을 따라 그늘을 드리우고, 멋진 풍광을 연출해 제주시 숨은 비경 31선 중 하나로 꼽힌다.

세 곳의 축제는 모두 '물'을 주제로 하고 있어 도두동과 이호동에서는 맨손 고기잡기 등 원시 어로방식 체험, 멸치잡이 재현 등 제주의 전통문화를 직접 체험하는 프로그램을 운영하고, 외도동 축제장에서는 월대천을 배경으로 잠시 조선시대 선비가 된 듯한 착각에 빠져볼 수 있다.

10~20년 넘게 이어지는 지역의 소중한 축제들이 사라져가는 전통문화를 지켜내는 든든한 버팀목이 돼 주었으면 하는 바람이다.

부동산투자이민제는
한시적 운영으로 그쳐야

2021.10.12

외국인을 대상으로 한 투자유인책 중의 하나인 부동산투자이민제는 2023년 4월 30일이 종료 시점이다. 나는 지난 2019년 행정사무조사 특별위원회에서 활동하며 부동산투자이민제에 대해 도민들과 충분한 숙의가 필요하다고 판단하고서 여러 기회가 있을 때마다 의견을 피력했다.

부동산투자이민제는 법무부 고시에 따라 운영 중인데, 현재 국내에서는 2010년 제주를 시작으로 전남 여수, 인천 영종지구, 부산 해운대 등에서 적용되고 있다. 우리 제주도의 경우는 투자 대상이 「제주특별법」 제147조에 따른 제주도지사의 개발사업 승인을 얻고, 「관광진흥법」 제52조에서 지정된 관광단지와 관광지 내에 있는 휴양 목적 체류시설인 휴양콘도미니엄, 일반 숙박시설 및 생활 숙박시설, 관광펜션과 같은 부동산이 해당된다.

투자 금액으로는 미화 50만 달러 또는 우리나라 돈으로 5억 원 이상의 부동산을 매입 투자해야 한다. 그런 외국인에게 매입 시에 체류비자F2를 주고, 5년 간 투자를 유지하여 체류한 후에는 영주권F5 즉 영구거주권을 부여해 준다.

이 제도는 글로벌 금융위기를 타개해 보려는 궁여지책으로 도입된 대규모 사업장의 투자유인책이다. 외국자본의 투자 유치라는 측면만 보면, 성과 여부를 떠나서 크고 작은 각종 리조트와 유원지 개발사업을 유치해서 도내 건설경기 활성화를 가져왔고 세수 증대의 장점도 있었다. 또한 중국 관광객 증가에도 일조했음을 부인할 수 없다.

부동산투자이민제는 2010년부터 2023년 4월30일까지 한시적으로 운영할 계획이었다. 2013년과 2014년 중국인들이 1,100채 이상의 콘도와 숙박시설을 매입했던 때가 정점이었다. 그 이후 사드 보복과 한중관계 악화 등으로 냉랭하게 식어가다가 최근 2020년에는 단 4채만 분양되고, 2021년에는 1건도 발생하지 않았다. 심지어 거주비자를 신청한 사람은 단 한 사람도 없는 형편이다.

단돈 5억 원만 있으면 우리 제주 땅을 아무런 제약 없이 살 수 있음은 물론이고, 영주권을 주어서 본인과 자녀들에게까지 혜택이 주어진다. 의무교육도 무상으로 받고, 건강보험 혜택도 받게 된다. 전국 어디든 거주 이전의 자유도 누리며, 자유롭게 취업도 가능하다. 세금 감면과 대출도 받을 수 있다.

해당자가 무엇을 해서 돈을 벌었든, 무엇을 하다가 제주도에 왔든 묻지도 따지지도 않은 채 5억 원 이상의 부동산을 구입하기만 하면, 대한민국 국민과 거의 동등한 대우를 받게 된다. 더욱이 지방선거에서 선거권도 부여되어 지방정치에도 참여할 수 있다.

영주권 자체의 특혜를 주는 것이 문제가 아니라, 5억 원이라는 금액만을 기준으로 제주땅의 부동산에 투자한 외국인에게 영구적 배타권의 소유권을 보장하는 것은 부동산을 국유로 하는 사회주의 국가인 중국에서는 상상조차 할 수 없는 유혹이다. 그런데 이는 국가 상호주의 원칙에도 어긋나는 것이며, 대한민국 재외동포가 F4 비자를 받는 것과 비교해보면 이만저만한 특혜가 아니다.

부동산 투자금으로만 영주권을 주는 것은 개발도상국이었을 때나 활용할 미봉책이지, 선진국의 반열에 오른 이 시점까지 유지하는 것은 제주의 시대정신과도 맞지 않는 구태의연한 정책이다. 특히 환경적 가치가 곧 제주의 미래 가치와 비례하는 오늘날에는 도민의 정서와도 배치하는 시대착오적인 제도로서 폐기해야 마땅하다.

혹시 오해나 왜곡을 할까 봐 분명히 말하는데, 외국인 관광객이 중요하지 않다고 주장하는 것과는 거리가 멀다. 외국인 투자 자체를 거부하는 것 역시 더더욱 아니라는 점을 밝힌다. 다만 이 제주땅에서 관광을 즐기고 여유를 누리는 중국인들은 환영해도, 그들이 안방을 차지하도록 특혜를 주어서는 안 된다.

더욱이 부동산투자이민제는 난개발과 투기를 부추기며 제주도민의 주거비용을 급등시키고 생태계 파괴와 환경 훼손을 조장하는 제도다. 2023년 4월 종기 도래로 자동 종료가 되도록 해야 한다. 더 이상의 연장 검토는 멈추길 바란다.

제주국제자유도시개발센터JDC
제주 이관 공론화 요청

2019.09.18

제주국제자유도시개발센터 곧 JDC는 우리 제주땅에서 제주라는 이름을 걸고 사업을 하고 있는 유일무이한 국가공기업이다. JDC를 어디에, 어느 소속으로 둘 것인가에 대해 많은 논란이 있었지만 초기 안착을 위해서는 국가공기업으로 해야 국가로부터 지속적이며 안정적인 지원을 받을 수 있다는 기대 속에 제주도민은 자기결정권을 포기해 가면서 국가공기업을 인정했다.

17년 전 당시의 결정에 시비를 걸려는 생각은 없다. 지금은 시기가 변했고 상황이 바뀌었으므로 JDC의 본격적인 제주 이관을 위한 공론화가 필요하다는 현실을 말하고 싶다.

시대적 정신은 지방자치분권이다. JDC의 새로운 주체적 지향점을 찾을 수 있는 절호의 기회이기도 하다. 최근에는 제주땅에서 제주의 국제자유도시 조성을 돕겠다고 설립된 국가공기업인 JDC가 휘청거리는 상황이다. 제주개발은커녕 자기 조직 앞가림도 못하게 되어 제주도민이 오히려

JDC의 뒤치다꺼리를 해야 할 판이어서 문제다.

JDC는 국가공기업이기에 사업승인을 받을 때나 관여할 수 있을 뿐, 도의회에서 자료 제출을 요구해도 반응이 없다. 국가공기업이기에 지방의회에는 아무런 의무가 없다며 모르쇠다. 제주도의 관리는 더욱 손길이 미치지 않는다. 권한이 없으니, 할 수가 없는 형편이다. 국회와 감사원의 감사를 받고 있어서 제주도감사위원회의 감사를 이중으로 받을 필요가 없다는 이유에서다. 제주땅에서 사업을 하고 있는 막강한 개발사업의 주체에 대한 제주도민의 민주적 통제가 이뤄지지 않고 있는 것이 현주소다.

나는 JDC 운영의 잘잘못을 얘기하려는 것이 아니다. 다만 국가공기업으로 있는 한 도민의 주체적 관여가 배제되는 문제점은 타파해야 한다. 모름지기 공기업이라면 공익성과 기업성이 있어야 하건만, JDC 지속가능성에도 의문이 따른다. 이를 차치하더라도, '제주땅을 어떻게 가꾸어 가고 보전하며 활용할 것인가는 전적으로 우리가 결정해야 하는 대원칙을 지켜야 한다'는 주장이다.

JDC는 현행법상 스스로 변하기 어려운 구조다. JDC는 「제주특별법」 총괄 책임자와 최상위 법정계획인 국제자유도시종합계획의 승인권자가 제주특별자치도지사임에도 불구하고 정부 소속으로 종합계획의 하부계획을 수행하는 기형적인 조직이다. JDC 주요사업이 제주특별자치도의회 승인을 받는 종합계획에 근거를 두면서도 연차별 시행계획 확정, 예·결산 심의 등의 권한은 국토교통부 장관에게 있다. 그렇기 때문에 제주도민의 요구가 반영되지 않고 견제를 받지 않는 권력기관이자, 개발지상주의 괴물기관으로 변질되었다. 그래서 제주도민 스스로 자기결정권을 행사하고자 하는 '자치분권과 균형발전' 차원에서도 기형적인 JDC 운영

구조는 바로잡아야 한다.

이관 공론화는 정답이 있는 것도 아니고, 옳고 그름의 문제도 아니다. 오직 제주도민의 자기결정권과 행복추구권을 펼칠 수 있는 장이 펼쳐져야 한다. 국가의 시혜적 차원에서 운영하는 국가공기업이 아니라, 제주도민의 뜻과 요구가 반영되는 조직이어야 바람직하다.

우리는 지방분권의 시대를 살고 있다. 우리가 깨어 있는 시민으로 거듭나서 우리의 문제를 주체적으로 추진할 수 있기를 바란다. 비록 더딜지라도, 비록 작은 규모일지라도 제주다움을 지키고 제주의 땅을 지키며 제주의 환경을 가꿔 나가야 한다.

항간의 주장처럼 JDC 무용론까지 거론하는 것에는 부정적이다. 제주도민 입장의 이관 공론화는 앞으로 JDC가 어디에 속하든 진정으로 제주와 더불어 자부심과 긍지를 가지고 전문성과 능력을 펼칠 기회도 될 것이라 본다. 차제에 국제자유도시라는 이름과 함께 개발센터라는 명칭을 바꾸는 것도 고려해볼 만하다.

6
청정 제주를
위하여

제주 지하수는
제주의 생명수다!

22.10.22

「제주특별법」 제377조에는 제주 지하수를 공공의 자원으로 제주도지사가 관리하도록 하며, 도지사가 '지하수의 적정관리와 오염 예방, 용수의 안정적 공급, 지하수의 기초조사 및 관측, 대체 수자원의 개발 및 이용 등에 최선을 다하여야 한다'고 책임을 부과하고 있다. 그리고 제387조에는 도지사에게 지하수 원수대금의 부과 및 징수 등을 할 수 있도록 했다.

이에 따라 공공의 자원인 지하수를 이용하면 당연히 이용료를 내도록 하는 것은 도지사의 책무이며, 이용자의 이용료 납부는 의무이다. 그런데 지하수를 개발하고 이용하면서도 요금을 내지 않는 곳이 있다. 공공 농업용수와 상하수도본부에서 끌어 쓰고 있는 상수도용수, 공공기관용수는 원수대금을 지불하지 않는다.

여기에 사설 농어업용 지하수 원수대금은 토출구경별 정액 요금으로 월 5,000원에서 4만 원 정도를 받을 뿐이다. 그러면서도 사설 농업용 지하수의 취수허가량 이내이기만 하면 사용량에 제한이 없다. 또한 이를 소유주가 직접 관리하다 보니 용도가 불분명하여 다른 용도로 사용하는 도덕적 해이 문제도 있다.

지하수 원수대금을 지불한다고 하더라도, 현재 지하수를 이용하는 먹는 샘물 2개소와 음료제조업 2개소를 제외한 원수대금 부과액은 상수도 요금의 10~20% 정도 수준으로 매우 낮다. 그러다 보니 무분별하게 지하수를 남용하게 되고, 상수도 이용은 기피한다. 물 이용자 간의 형평성 문제를 초래하는 것이다.

여기에 더 통탄할 문제가 있다. 지하수를 95% 이상 쓰는 농업용수 유수율 문제다. 2019년 제주도 감사위원회의 보고에 의하면 62%가 누수되고 있다고 하고, 같은 해 제주연구원의 연구보고서에서도 60.3%의 누수율이 발표되었다. 대략 평균치이기에, 어떤 곳은 지하수를 뽑아 다시 땅속 어딘가에 그만큼의 양을 흘려버리고 있다는 의미이기도 하다.

이에 대한 특단의 총체적인 개선책이 마련되어야 한다. 나는 그 출발점이 '지하수 원수대금 부과'라고 본다. 물론 당장 시행할 수는 없다. 대체 수자원이 반드시 전제되어야 한다. 그래서 제11대 도의회에서는 지하수 원수대금 부과체계 개선을 위한 조례를 개정하면서 부칙에 2024년 7월부터 적용되도록 시행 시기를 연기했다.

이제는 도정에서 지하수를 지속 이용 가능토록 하기 위한 행정력을 집중해야 한다. 그동안 너무 쉽게 농정을 펼쳐 왔다. 그러나 더는 늦어져서는 안 된다. 지하수를 상수도 등 우선 인간이 직접 생활하는 데에 쓸 수 있도록 정책 순위를 바꿔야 한다.

제주 지하수의 취수허가량은 월간 약 4900만 톤으로, 지속 이용 가능량 5400만 톤 대비 약 90%에 달해 장래 여유 수량 한계에 도달하고 있다.

이 중 농업용수 취수허가량이 월간 2600만 톤으로 54%를 차지하고 있으니, 지하수 농업용수부터 줄여야 한다.

관계 당국은 농업용 지하수 원수대금 부과에서 잘못된 신호를 주지 않는 것이 중요하다. 법적·제도적으로 공공 농업용 원수대금 부과의 오해나 법리 다툼이 생기지 않도록 원수대금 부과가 시행되는 2024년 7월 이전까지 깔끔하게 처리할 수 있어야 한다. 그리고 사설 농어업용이나 양식업 등의 염지하수 관리와 허가량에 따른 실제 이용량을 분석하여 체계적으로 관리해 주기 바란다.

우리 제주지역 농산물은 밭작물 위주이기에, 물이 많이 필요하다. 특히 밭작물 재배지역에서는 작물파종 시기에 집중하여 물이 필요하기에 물 부족 현상이 심각하다. 안정적이고 효율적인 농업용수의 공급체계를 위해 농업종사자와 관계 당국 등의 협업을 통한 다각적인 검토와 실천이 시급하다. 제주 지하수는 우리 모두의 것이다.

제주 생명수의 원천 '숨골',
미래 세대도 주인이다

2024.06.06

'숨골'은 화산섬 제주도에만 있는 독특한 지형 중 하나다. 통상 '숨골'이라고 부르지만, 아직 학술적으로 명확히 규정되지 않아 '숨골', '숨굴', '숭굴' 등으로도 불린다. '숨골'은 '용암동굴이 붕괴되거나 지표면 화산암류에 발달된 수직 절리계 및 균열 등에 의해 생성된 지형' 정도로 정의되고 있으니 내륙의 다른 지역에서 찾아볼 수 없는 것이 당연하다.

이 숨골이 중요한 것은 제주 지하수의 원천이기 때문이다. 숨골을 통해 지표면의 빗물이나 지표수가 지하로 스며들어 지하수를 함양하고, 비가 내리면 표면에 고인 물을 빠르게 지하로 흘려보낸다. 제주도에 강이 없고 건천이 많아 큰비가 와도 수해가 생기지 않는 이유다. 실제로 금악리와 조수리에 위치한 숨골의 경우, 강우량의 최대 46%가 숨골을 통해 지하로 흘러들어가는 것으로 조사되었다. 그래서 숨골은 제주의 지하수 자원을 유지하는데 필수 요소이다.

그런데 이 숨골의 특성을 교묘하게 악용하는 사람들이 있다. 빠르게 지하수를 흡수한다는 점을 이용해 숨골로 농축산 폐기물이나 생활하수 등을 몰래 흘려보내는 것이다.

몇 차례 이런 사례가 적발돼 도민 사회에 충격을 주었었는데, 2023년에는 한림읍의 한 양돈장이 가축분뇨 1,500톤을 불법으로 배출한 사실이 적발돼 도민들의 분노가 극에 달했었다. 1,500톤이면 1.5리터 페트병으로 100만 개 정도의 양이다. 이 사건 이후 제주 전역의 수원지 관정 등을 대상으로 수질상태를 점검했는데, 이미 오염이 심각한 수준에 달한 한림읍 지역뿐 아니라 제주시 삼양, 회천, 조천 등과 동부 지역, 서귀포 일부 수원지에서도 같은 등급의 수질 판정이 나와 또다시 도민들을 망연자실하게 만들었다. 조수리 숨골에서는 농경지 특성상 질산성질소가 최대 28.4㎎/ℓ 검출되었고, 잔류농약 성분까지 확인됐다. 또 금악리 숨골에서는 목초지에 살포된 액비로 인해 분원성대장균군이 검출되기도 했다.

사정이 이렇게 심각한데도 수십 년간 행정기관은 숨골 관리를 거의 하지 않았다. 지난 2022년에야 '제주 지하수 관리조례' 개정을 통해 지하수 함양을 위한 숨골 조사·연구·홍보사업 등의 근거를 마련하고 제도적 기반을 강화했지만, 현재 조사·관리되고 있는 숨골은 285개밖에 되지 않는다. 숨골의 과학적 실체 규명을 위한 노력도 여전히 걸음마 단계에 머물러 있다. 제주 지하수의 원천인 곶자왈 관련 조례나 지하수 관련 조례 개정 등을 통해 실효성 있는 제도화를 실천하고, 전수 조사, 체계적인 보전·관리 사업 추진을 위한 예산 지원 등이 필요함에도 말이다.

도의회에서도 환경도시위원회를 중심으로 매년 공동세미나와 워크숍 등을 열어 다양한 논의를 이어가고 있지만, '숨골'을 통한 지하수 함양 및 오염 프로세스를 과학적으로 규명하고 모니터링하는 체계 역시 아직

2024년 세계 환경의날 기념 공동 워크숍
•일시: 2024. 06. 04 (화) 14:00 ~ 16:00 •장소: 제주도의회 대회의실(의원회관 1F) •주최·주관: 제주특별자치도의회 환경도시위원회

갖춰져 있지 않다.

'숨골'의 보전과 관리는 궁극적으로 제주 지하수의 지속가능성을 만들어 가는 노력이다. 매년 3월 22일은 유네스코가 정한 '세계 물의 날'이다. '지하수: 보이지 않는 물을 보이게 하자'는 2022년의 주제가 끊임없이 머릿속을 맴돈다. 우리 눈에는 안 보이지만, 그 '보이지 않는 통로'를 통해 만들어지는 제주의 생명수, 미래 세대들도 그 생명수를 향유할 수 있어야 하지 않을까.

미래 세대의 생명과 안전을 지키는
환경보전분담금

2024.04.18

제주도는 세계자연유산, 생물권 보전지역, 세계지질공원, 람사르습지 등 세계에서 유일하게 4대 국제보호지역을 품고 있는 곳이다. '세계인의 보물섬'이라는 별칭이 붙은 이유다. 하지만 이처럼 소중한 자원을 지속가능하게 만들기 위해서는 보이지 않는 노력과 희생이 필요하다.

2010년 이후 제주는 관광객 급증과 인구 유입으로 극심한 환경 오염, 쌓이는 쓰레기, 하수 처리 등으로 골머리를 앓고 있다. 환경수용력이 한계치에 이른 것이다.

이는 제주도의 환경보호 분야 세출 예산만 봐도 알 수 있다. 2022년 기준 제주도의 환경보호 분야 세출예산은 11.6%로, 전국 평균9.5%에 비해 2.1% 가량 높았다. 이를 주민 수로 환산하면, 제주도민 1인당 104만 7,788원 정도다. 전국 평균53만 3,130원보다 2배 가량 높은 것이다. 10년 전만 해도 제주도민 1인당 환경세출 예산액은 67만 5,053원으로 전국 평균35만2,378원을 약간 상회하는 수준이었는데, 그 격차가 급격히 벌어진

것이다.

그래서 논의가 시작된 것이 환경보전분담금 제도다. 입도세, 환경보전기여금 등 여러 가지 명칭으로 불렸지만 핵심은 하나다. '환경오염 원인자에게 처리비용 일부를 부담하게 해 환경책임성을 부여하고 청정 제주를 보전하자'는 것이다. 논의의 시작은 2012년 입도세 개념으로 추진된 '환경자산보전협력금'이다. 하지만 관광업계의 반발로 흐지부지되었다. 그 후 매년 관련 논의가 끊이지 않았고, 관광객들과 도민들의 공감대도 확산되면서 최근에는 대선과 총선의 주요 공약으로까지 제시됐다. 실제로 제주를 여행하는 관광객들을 대상으로 조사한 결과, 약 70% 이상이 '환경보전분담금 제도에 찬성한다'고 밝혔다.

그러던 이슈가 지난해부터 또다시 수면 아래로 가라앉았다.

한국환경연구원에 의뢰한 연구 용역인 '제주환경보전기여금 제도 도입 실행방안' 보고서가 공개되자 제주도관광협회가 공개적으로 반발하고,

환경보전분담금 제도를 공약으로 내건 도지사마저 한 발 뒤로 물러선 것이다.

그즈음 나는 제주도의회 환경도시위원회 위원장을 맡고 있었다. 관광업계의 반발로 인해 논의 자체조차 이뤄지지 못하는 상황이 안타까워 환도위 위원장이 아닌 개인 자격으로 기자회견을 자청했다.

"환경보전분담금은 환경오염 원인자에게 처리 비용의 일부를 부담하도록 해 청정 제주를 보전하기 위한 제도다. 관광객 감소는 일시적 현상일 수 있고, 환경보전분담금 도입이 늦어진다면 생태계서비스지불제나 곶자왈 보전 정책 등 다른 환경 정책 추진에도 악영향을 미칠 수 있다. 환경보전분담금은 청정 제주를 지키고, 미래 세대의 생명과 안전을 지키는 보험료"라며 강한 어조로 경고했었다.

물론 충분한 근거도 있었다. 제주도관광협회는 '제주관광비 상승을 비롯해 이중과세, 징수방식 등이 우려된다'고 주장하지만, 제주도관광협회가 제주도로부터 직간접적으로 받고 있는 보조금은 매년 83억 원에 달한다. 환경보전분담금 문제는 '단순히 돈을 더 걷을 것인가, 말 것인가'의 문제가 아닌, '지속가능한 제주'를 위한 우리의 철학과 가치관을 시험하는 과정이나 다름없다, 당장의 경제적 이익에 매몰돼 제주의 가장 소중한 가치를 외면한다면, 우리에게 더 이상 미래는 없다고 해도 지나치지 않다. 전세계 50여 개 국가에서 환경을 위해 관광세 등 다양한 이름으로 세금이 부과되는 것도 환경보전분담금이 제주만의 특수성을 반영한 논의가 아니라는 증거이다. 고품격의 지속가능한 제주 관광은 가장 소중한 자산인 환경이 든든한 버팀목이 되어줄 때 가능하다.

제주들불축제,
'오름불놓기' 나 홀로 반대

2024.11.09

겨울의 끝자락에서 새봄을 맞이하며 오름을 활활 태운다.

제주의 오랜 목축문화인 오름불놓기를 현대적으로 재현한 '제주들불축제'는 1997년 처음 시작돼 지금까지 이어지는 제주의 대표 축제다.

과거 제주에서는 봄이 시작될 무렵 소와 말의 방목지에 불을 놓았다. 진드기 등 해충을 없애 가축들이 먹기 좋은 풀을 얻을 수 있고, 불에 탄 재가 땅을 비옥하게 해주니 농사에도 도움이 되었다. 자연과 조화로운 삶을 이어온 제주도민의 지혜가 녹아있는 제주도만의 독특한 문화다. 그래서 제주들불축제의 하이라이트는 말할 것도 없이 '오름 불놓기'다.

그런데 몇 년 전부터 이 '오름불놓기'가 존폐기로에 섰다.

돌이켜보면 제주들불축제는 2019년을 마지막으로 정상적으로 개최된 적이 한 번도 없다. 2020년과 2021년에는 코로나19 확산 우려로^{2021년에는 비대면 진행}, 2022년에는 축제에 즈음해 강원·경북 지역에 발생한 대규모 산불로, 그리고 2023년에는 행사 도중 발령된 산불 경보로 불 관련 프로그램이 전면 취소됐다. 코로나19라는 예기치 못한 변수를 차치하더라도 기후변화 위기의 상황에 제주들불축제가 영향을 받지 않을 수 없었다. 환경단체에서도 지금 시대와 맞지 않는 인위적인 '오름불놓기'가 환경에 악영향을 미친다며 끊임없이 반대 목소리를 내오던 터였다.

그러자 도내에서 여러 논란이 일었고, 축제의 하이라이트인 '오름불놓기'가 사실상 불가능하게 되자 2024년에는 새로운 축제를 준비한다는 이유로 아예 축제를 개최하지 않았다. 그리고 올해 '오름불놓기'를 다른 방식으로 재현한 축제가 개최될 예정이었지만, 둘째 날부터 시작된 강한 비바람과 태풍급 강풍으로 평년 예산의 두 배 가까운 18억 원이나 투입된 축제가 황급히 취소되고 말았다.

'오름불놓기'가 사실상 존폐 기로에 서자 급기야 애월읍 주민 1,200여 명이 오름불놓기가 포함된 '제주들불축제 지원에 관한 조례안'을 주민청구 조례로 도의회에 제출했다, '매년 음력 1월 15일 정월 대보름 전후 전국 산불경보 발령 기간을 제외한 기간에 새별오름에서 들불축제를 열고, 오름불놓기, 달집 태우기 등의 행사를 진행한다'는 내용이 담긴 조례안이었다. 1년에 한 번 열리는 축제지만 축제장인 새별오름 인근 봉성리 주민들에게는 이 축제가 공동체 활동의 경제적 기반이 되기도 했기에, 주민청구 조례를 제출한 것이었다.

2024년 11월, 이 조례안을 두고 도의회 본회의 투표가 진행됐다. 내 입장은 확고했다. 도의회를 통과할 것이라고 예상은 했지만, 그래도 보다 근본적인 시각에서 이 문제를 바라볼 필요가 있다고 생각했다. '청정 제주'와 '탄소중립'을 선언하며 전국을 선도한다고 자부하는 제주도가 굳이 오름에 불을 놓은 행사를 해야 하는지, 육지에서는 크고 작은 산불로 전국이 비상인데, 제주도는 오히려 불을 놓으며 축제를 즐기는 모습이 과연 적절한지, 그동안 축제에 동원되다시피 했던 읍면동 공무원과 마을 자생단체들의 비자발적 참여 방식이 과연 자율적으로 축제를 즐기는 모습인지. 여기에 더해 산림보호법 위반 소지도 있었다.

이날 본회의 투표장에 출석한 의원은 37명. 뚜껑을 열어보니 찬성 33명, 기권 3명, 반대 1명이었다. 나만 반대표를 던진 것이다.

결과적으로 도의회를 통과한 이 조례 안은 제주도의 재의 요구로 다시 한 번 본회의에 상정됐지만 2025년 4월 최종적으로 부결되었다.

우리나라는 물론이고 세계적으로도 시대의 흐름에 역행하는 과거의 관광 상품들이 많은 부침을 겪고 있다. 투우, 투견, 투계 등 동물복지에 역행하는 관광 상품은 지속가능하지 않기 때문이다. 축제는 참여하는 모든 사람이 기쁘고 자부심을 느낄 수 있는 놀이마당이 되어야 한다. 제주들불축제의 '오름불놓기'는 이제 볼 수 없게 됐지만, '제주들불축제'가 주변 지역 주민을 비롯한 애월읍민의 자부심과 주체성을 존중하는 주민참여형 축제로 거듭날 수 있기를 바란다.

프리미엄 돼지고기와
'양돈 악취'와의 전쟁

2024.03.26

전염병 청정 지역 제주에서 특별하게 자라는 돼지는 감귤과 더불어 제주를 대표하는 먹거리로 꼽힌다. 에메랄드빛 바다를 감상하며 즐기는 흑돼지 구이는 부드러운 육즙에 감칠맛까지 더해져 여행을 한층 풍성하게 해준다.

그런데 이처럼 아름다운 풍경 뒤에 오랫동안 제주도를 괴롭혀온 불편한 진실이 있다. 양돈 산업에서 발생하는 악취다. 코끝을 찌르는 강렬한 악취로 청정 제주의 이미지가 훼손되고, 양돈 농가 주변 주민들에게는 고통스러운 일상이 이어지고 있다.

제주의 양돈 산업은 전국 돼지 사육 두수의 5% 정도를 차지한다. 2022년 말 기준 양돈 농가는 257곳, 마리 수로는 53만 마리 이상2018년에 달한다. 전국적으로 보면 5% 정도로 크지 않은 규모지만 제주산 돼지고기는 그 자체로 하나의 브랜드로 인식될 정도로 한돈에 비해 높은 가치를 인정받는다. 관광산업과 더불어 제주 지역 경제에 기여하는 바가 크다. 이는 수치로도 확인이 된다. 제주도가 지난 2022년 한국지방행정연구원에 의뢰해 분석한 결과에 따르면, 양돈 산업의 경제적 유발 효과는 연간 약 8280억 원, 고용 유발 효과는 4,127명인 것으로 나타났다. 지역 내 생산 유발계수도 1.27로 제주 지역 전 산업 평균1.172에 비해 높아 산업의 전후 방 효과가 모두 큰 것으로 분석되었다.

하지만 이러한 경제적 효과를 모두 상쇄하는 '양돈 악취'는 여전히 해결해야 할 과제로 남아 있다.

축산 악취 관련 민원이 매년 1,500~2,000여 건에 달할 정도로 끊이지 않자 제주도는 2018년 전국 최초로 59개 양돈장을 악취관리지역으로 지정하는 강수를 두었다. 현재는 100개소까지 확대되었다. 지난 2017년 한림 상명리의 한 농가가 용암동굴 숨골에 엄청난 양의 가축분뇨를 불법 방류해 지하수를 오염시킨 사실이 드러나자 취해진 조치였다.

물론 양돈 악취에 대해 채찍만 휘두르지는 않는다. 매년 양돈 산업에 약 300억 원의 보조금을 지급하고 있고, 양돈장에 대한 폐업 보상도 실시하고 있다. 지난해에는 악취 저감형 양돈장 구축, 악취 저감 시설 지원, ICT 융복합 확산 등에 315억 8300만 원이라는 막대한 사업비를 책정하기도 했다.

그럼에도 불구하고 지난 2022년 또다시 도민들을 경악시킨 사건이 발생했다. 3천여 두의 돼지를 사육하던 표선의 한 농가가 악취저감비, 지열공 시설비 등 관련 보조금을 받고, 폐업을 하면서는 폐업 보상비 3억 원까지 챙긴 후 건설폐기물과 함께 가축분뇨를 불법 매립해 적발된 것이다. 〈제 주특별자치도 가축분뇨 관리조례〉 전부개정안이 압도적인 표로 가결된 후 불과 4개월이 지난 때였다. 2017년 상명리 사건 이후 양돈업계로부터

악취 피해
주민들의
세금으로
악취
양돈장 지원?
웬말이냐
양돈악취
민원신고
[국번없이 120]
[제주한림읍지킴이]회원모집
남녀노소 상관없이 한림읍을
사랑하시는 모든 분들!!
네이버에서 [제주한림읍지킴이]검색
밴드에 가입하시거나 아래 연락처로
(지킴이 대변인 H.P 010-2629-9777)
제주 한림읍 지킴이
도민혈세 2억원
악취
양돈장 보호 지원?
양돈 악취피해
주민 보상금 0원
양돈악취
민원신고
[국번없이 120]
[제주한림읍지킴이]회원모집
남녀노소 상관없이 한림읍을
사랑하시는 모든 분들!!
네이버에서 [제주한림읍지킴이]검색
밴드에 가입하시거나 아래 연락처로
(지킴이 대변인 H.P 010-2629-9777)
제주 한림읍 지킴이

숱한 욕을 먹으면서도 환경도시위원회에서 악취 저감과 가축분뇨의 적정처리 및 규제책을 마련하기 위해 그토록 노력했건만, 그 노력을 물거품으로 만든 것이었다.

이 사건을 마주하며 제주에서의 양돈 산업이 과연 어떤 위치에 있는지 다시 고민하게 됐다.

제주 경제에 기여하는 바가 적지 않지만, 매년 직·간접적으로 300여억 원에 달하는 도민의 혈세를 받아가면서 뒤로는 제주의 청정 환경을 훼손하는 주범이 되고 있다면 과연 양돈 산업이 제주에서 지속가능한 산업이라 할 수 있을까?

잊을 만하면 불거져 나오는 가축분뇨 불법 매립 사건들을 볼 때 양돈 악취 문제는 양돈 업계의 자정만으로는 해결될 것 같지 않다. 때론 '당근'뿐 아니라 악질 사업주에 대해서는 강력한 철퇴를 내리는 '채찍'도 휘둘러야 청정 제주가 지켜지지 않을까.

청정 연안을 위한 시작,
양식장 배출수 수질 기준 마련

2024.04.04

2024년 4월, 3년 넘게 기다려온 양식장 배출수 수질 기준이 드디어 조례로 제정되었다.

이 조례가 제정되기 전까지 제주특별자치도는 2004년에 고시된 '물환경보전법'을 기준으로 양식시설의 배출수 수질을 관리해 와 연안 해양 환경 관리 보호에 3년이라는 공백기를 초래했다. 제주도의 조례 제정에 앞서 '물환경보전법'이 개정되면서 전국적으로 기존에 적용되던 기준 고시가 폐기되고, 대신 지방자치단체가 해당 지역의 특성을 반영해 조례를 제정해 수질을 관리하도록 했는데, 제주도는 3년 넘도록 조례를 제정하지 않았던 것이다. 2004년의 기준은 이미 20년도 더 지난 것이라 최근의 해양 환경이 제대로 반영되어 있지 않다. 2023년 12월이 되어서야 제주도지사가 '수산물 육상양식시설 배출수 수질 기준에 관한 조례안'을 도의회에 제출, 조례 제정에 속도가 붙게 됐다.

물론 양식 산업이 제주의 청정 연안을 오염시키는 주범이라고 할 수는 없다. 오염된 지하수, 하수처리장 배출수, 농·축산 폐수, 먼바다에서 끝도 없이 떠밀려오는 해양쓰레기 등 해양을 오염시키는 원인은 한두 가지가 아니기 때문이다. 그럼에도 불구하고 양식업 또한 해양 환경 오염 원인 제공자라는 책임에서 자유로울 수는 없다.

제주도에서 운영 중인 양식장은 2022년 말 기준 354개로, 대부분이 해안가에 위치해 있다. 양식장 배출수의 오염 부하량은 공공하수처리시설과 비교할 때 화학적 산소요구량COD 3.5배, 부유물질SS 9.7배, 총질소T-N 1.3배에 이른다. 일일 방류되는 배출수가 1968만 톤으로 공공하수처리시설에 비해 80배나 많으니 당연한 결과일 수밖에 없다. 그러나 문제는 대부분의 양식장90%이 수조면적 2,500~5,000㎡ 사이여서 조례안의 환경영향평가 대상 시설 기준5,000㎡ 이상 이하에 해당한다는 것이다.

사실 제주도가 당초 제출한 조례안은 과거 20년 넘게 적용해온 기준에서 크게 벗어나지 않았고, 해양환경오염 문제에 대한 적극적인 대처 의지도 보이지 않아 많은 비판이 있었다. 환경 관련 규제는 관련 기업과 지역 주민들을 대치하게 만드니 반발이 있을 수밖에 없다. 그렇다고 해서 특정 기업 또는 지역민들과 온정적으로 타협해 환경 기준을 완화하거나 무시한다면 나중에 더 큰 악영향을 끼칠 수 있다.

특히 '기르는' 어업의 대표 주자인 양식장은 어업 생산성과 수출 증가라는 경제적 이익을 가져다주지만, 미래 먹거리의 대표 주자로 지속가능한 발전을 이뤄내려면 제주의 청정 연안이 든든하게 버티고 있어야 한다. 양식장에 대한 합리적인 배출수 수질 기준은 아마도 그 작은 시작일 것이다.

이날 최종적으로 통과된 조례안은 체계적인 관리에서 벗어나 있던 양식장에 적합한 관리 기준을 제시하고, 단순한 수질 기준 제시를 넘어 유관 부서와 협의를 통해 관리계획을 체계적으로 수립할 수 있도록 했다. 또 양식장에 대한 지도·점검을 강화해 직접적으로 수질 기준을 강화하는 것과 비슷한 효과도 얻을 수 있도록 했다.

앞으로도 제주의 연안 해양환경이 정화될 수 있도록 양식 산업뿐 아니라 해양 환경에 부정적 영향을 미칠 수 있는 오염된 지하수, 하수처리장 배출수, 농·축산 폐수 등 원인에 따라 합당한 대응방안을 마련해 나가야 할 것이다. 제주의 청정 바다는 그저 멋지고 아름다운 풍경이 아니라 우리 모두가 지켜야 할 공유자산이자 도민들의 소중한 먹거리이기 때문이다.

후쿠시마 원전 오염수 해양 방류,
단호히 반대한다

2023.06.13

2023년 5월, '일본 후쿠시마 원전 오염수 해양 방류' 소식이 전해지자 제주도민 사회가 분노로 들끓었다. 후쿠시마의 방사능 오염수가 해양에 투기되면 가장 인접한 곳인 제주도가 직접적인 피해 당사자가 될 수밖에 없고, 어민들의 생존권까지 위협받을 수 있는 절체절명의 위기상황이라는 게 모두의 인식이었다.

5월 22일 오전, '부웅'하고 도두항에 긴 뱃고동 소리가 울려 퍼졌다. 뱃고동 소리와 함께 도두동 어민들과 해녀들이 항구로 모여들었다. 어림잡아 150여 명은 족히 넘었다. 항구로 모여든 사람들은 22척의 배에 나눠 타고, 도두항에서 탑동 앞바다까지 2시간여 물살을 가르며 목이 터져라 외쳐댔다.

'후쿠시마 오염수 방류 반대'

'청정제주바당 죽어서도 지킨다'

'제주바당 원자폭탄 웬 말이냐'

"방사능 오염수를 처리수라 부르면서 과학 운운하는데, 그렇다면 그 오
염수는 일본 본토에 저장을 하든, 농업용수로 쓰든, 공업용수로 쓰든 하
면 될 일이지, 왜 옆 동네 올레길에 방사능 오염수를 뿌려 대나?"

'일본 후쿠시마 원전 오염수 해양 방류'는 일본 자국만의 이익을 생각한
결정이었다. '세계 제2차 대전을 일으킨 일본 제국주의가 다시 꿈틀거리
며 세계를 향해 방사능 테러를 하려는 게 아닌가?' 하는 생각마저 들자
몸이 부르르 떨려왔다. 태평양 주변 국가 국민을 소리 없이 죽이겠다는
것 아닌가.

일본의 후쿠시마 원전 오염수 해양 방류에 반대 목소리를 낸 것은 우리
나라뿐만이 아니었다. 태평양의 섬나라 18개국도 일본 후쿠시마 원전 오
염수의 안전성이 불확실하다며 해양 방류를 연기하라고 촉구했다. 특히
피지의 내무부장관 티코두아두아는 일본 하마다 야스카즈 방위상의 면
전에서 '일본이 후쿠시마 원전 오염수가 안전하다고 말한다면, 왜 일본
안에 두지 않느냐?'며 공개적으로 모순을 지적했다.

우리나라보다 작은 나라의 장관조차 자국의 청정 해역을 오염시킬 수 있
는 원전 오염수에 대해 이토록 분개하는데, 우리 정부는 왜 묵묵부답으
로 수수방관하고 있는가. 이날 해상 시위에 함께하며 최선봉을 진두지휘
한 도두어촌계가 정부보다 더 자랑스러웠다.

도두어촌계의 해상 시위를 시작으로 제주도 전역 곳곳에서 원전 오염수
방류를 규탄하는 시위가 들불처럼 이어졌다. 나 또한 뭐라도 해야겠기에
아침 출근 시간 피켓을 들고 차량이 많은 노형오거리와 일본총영사관 앞
에서 몇 차례 시위를 했다. 시간이 촉박했지만, 작은 촛불이 하나하나 모
이면 거대한 불길이 될 수 있기에 미력하나마 힘을 보태고자 함이었다.

JRC
후쿠시마 오염수 방류
반대
도두어촌계

안타깝게도 대한민국 정부가 손을 놓고 있는 사이 일본은 지난 7월까지 13차례에 걸쳐 약 9만 4천 톤의 원전 오염수를 방류했다. 늦었지만 지금이라도 정부가 나서서 원전 오염수 방류로 인한 해양 생태계 오염 여부를 과학적으로 면밀하게 조사해야 할 것이다.

음식물 폐기물도 자원화,
지속가능한 섬을 향한 전진

2023.12.22

음식물류 폐기물 처리, 처리된 폐기물의 자원화, 그리고 온실가스 감축. 2022년 6월부터 가동에 들어간 제주 광역음식물류 폐기물 자원화시설이 얻고 있는 1석 3조 효과다.

이 시설이 착공된 것은 지난 2018년으로, 개인적으로 도의원 임기를 처음 시작한 해였다. 그동안 제주도의 가장 큰 현안 중 하나인 음식물 폐기물 시설이 도의원 임기 중에 착공과 준공이 완료돼 내 마음도 한결 가벼웠다.

이 시설이 들어서기 전 제주도에서는 제주시 봉개동과 서귀포시 색달동에서 도내의 모든 음식물 폐기물을 처리해왔다. 하지만 관광객 수가 급증하고 인구도 지속적으로 유입되면서 두 시설의 문제점이 드러나기 시작했다. 이미 노후화된 데다 처리 용량도 한참 부족해 제주도의 골칫거리가 된 것이다.

서귀포시 색달동에 들어선 이 시설의 공사 기간은 2018년부터 2024년까지, 사업비는 1300여억 원을 웃돈다. 첫 단계였던 건축설계 공모부터, 공사 중간 레미콘·화물연대 파업 등까지 이어지면서 여러 차례 위기가 있었지만, 다행히 사업 기간 내에 예정대로 완공되었다.

이 시설이 특별한 것은, 하루 340톤의 음식물류 폐기물 처리 용량을 갖춘 국내 최대 규모라는 점에 더하여, 혐기성 소화바이오가스화 방식을 도입한 자원순환형 환경 기반 시설이라는 데 있다. 바이오가스화 공법은 최신 공법으로 음식물류 폐기물 처리과정에서 발생하는 바이오가스를 추출해 에너지원으로 재활용하는 자원순환 시스템이라는 점이다. 이러한 공법을 적용함으로써 음식물류 폐기물 문제도 해결하고, 온실가스 감축에도 기여할 수 있게 된 것이다. 이곳에서 생산되는 바이오가스는 시설 운영에 필요한 전력과 열원 등으로 전량 활용돼 연간 52억 원의 운영비 절감 효과도 보고 있다 한다. 연간 온실가스 감축 효과는 1,140여 톤에 달한다. 체계적·효율적인 시설 운영으로 폐기물 처리를 안정화하고, 자립형 에너지 생산 구조를 실현한 것이다.

물론 그렇다고 해서 이 시설이 장점만 있는 것은 아니다. '광역 처리'라는 규모의 경제와 생산성에만 맞춰진 집중 처리 시설이기 때문에 분산처리의 장점이 훼손되는 측면이 있다. 또 제주도는 서울보다 3배 정도 면적이 넓어 산남북과 동서간 장거리 이송에 대한 어려움이 있을 수 있고, 악취·소음·진동 등 환경적 우려에 대해서도 지속적인 관리 방안을 마련해야 한다.

그러나 무엇보다 중요한 것은, 음식물 쓰레기 발생량을 줄이기 위해 관광객과 도민들도 꾸준히 노력해야 한다는 점이다. 처리 용량이 증가했다고 해서 음식물 쓰레기를 줄이는 노력을 하지 않는다면 미래 세대를 위해 청정 제주를 지킬 수 없다.

언론의 창에 비친
'도의원' 송창권

은 기회, 더불어 행복한 제주

제주특별자치도의회

더 많은 기회,
더불어 행복한 제주

민족 자존과 정체성 지키는
'번지 있는 교육'을 위해

제민일보, 2019.08.26

올해는 3.1절과 임시정부 수립 100주년이 된다. 이번 8.15 광복절은 74주년이다. '광복을 넘어 남북의 평화통일과 진정한 독립'이 되고도 남아야 할 시간이 흘렀다. 그런데 아직도 일본 제국주의 식민잔재가 우리 제주 교육 현장 곳곳에 남아 있다.

교육감의 교육철학과 역사관에 따라 일제 잔재 청산에 대한 입장이 다르고, 정권의 정치적 지형에 따라 들쑥날쑥하는 것은 매우 비교육적인 처사라고 생각한다. 또한 절기에 따라 일시적이고 단편적인 계기교육 수준으로도 유·무형의 일제 잔재를 청산할 수가 없다.

이에 지난 7월 도의회 임시회에서, 전국 최초로 '제주특별자치도교육청 일제강점기 식민잔재 청산에 관한 조례'를 대표 발의하였다. 도민의 뜻에 따라, 거의 만장일치로 심의 의결되었다. 의원으로서 도민들이 소망하는 의정활동을 한 것 같아 뿌듯하다.

이제는 교육청의 일제 강점기 식민잔재 청산 활동이 지속적이며, 안정적

이고 체계적으로 이뤄지게 되었다. 마침 이석문 교육감이 광복절을 기념하면서, 조례에 근거하여 올 하반기부터 '도교육청 일제식민잔재청산위원회'를 구성해서 차근차근 일제식민잔재 청산에 대한 학교 현장의 의견을 수렴하고 논의를 거쳐 추진해 나가겠다고 하였다.

항간에 조례에 대해서 우려를 표하는 분들도 있었다. 어두운 역사도 우리의 역사이며 반면교사로 삼을 만하니, 없애는 것만이 능사는 아니라는 것이었다. 또한 교육현장에서 또 다른 갈등을 야기할 수도 있으니, 신중하게 접근해야 한다는 조언이었다.

'청산'이라는 용어를 쓰는 것이 다소 과하다고 하지만, 그 의미는 단순히 유형적인 것의 폐기, 제거에만 있지 않다. 오히려 무형의 식민문화와 의식이 더 무섭고 끈질긴 것이다. 따라서 역사가, 교육자 등과 더불어 학생, 학부모에 이르기까지 다양한 사람이 참여하여 깊은 논의와 숙의를 거침으로써 일제식민잔재 청산기준을 설정할 것이다. 또한, 학교 현장에서도 별도로 동문과 지역 주민, 학부모 등이 심사숙고하여 추진할 것이다.

교육현장에서의 비민주적이고, 비교육적인 문화와 유형적인 것을 발굴해 내고 일제 식민잔재를 구별해낼 것으로 기대한다. 그래서 진정한 대한민국의 광복을 누리고 후세에 길이 전해질 수 있어야 하겠다. 이념에 매몰되지 않고, 인류보편적인 진리에 기초한 민족의 자존과 정체성을 지켜서, '번지 있는 교육'으로 거듭나야 하겠다.

일제식민잔재 청산은 과거를 들춰내는 문제가 아니다. 미래로 나아가는 데에 우리 앞에 있는 장애물을 청산하는 것이고, 진정으로 교육적인 작업인 것이다.

렌터카총량제,
흔들림 없이 지속해야!

한라일보, 2022.08.20

제주뿐 아니라 전 세계적으로 자동차 중심도시에서 보행자·대중교통 중심도시로 전환되는 추세다. 자동차 및 토목기술 발달로 편리성 중심의 자동차 위주의 도시계획이 이루어진 탓에 환경오염·에너지·도로정체·교통사고 등의 부작용을 해결하기 위해 더 큰 노력과 비용이 들기 때문이다.

제주도 또한 예외가 아니다. 인구의 증가는 자동차의 증가로 이어졌고, 관광객의 증가는 렌터카의 증가로 이어졌다. 렌터카가 지속해서 증가해 2015년 2만 6,000대에서 2017년 3만 2,000대로 20% 이상 늘었다. 이는 연평균 증가율이 10%를 상회하는 수치다.

제주 관광이 렌터카 중심, 개별관광 중심으로 변화되고 있음에 위기를 느껴 렌터카 총량제가 도입되었다. 2017년 말 렌터카 적정 대수는 2만 5,000대로 산정되었고, 2018년도 렌터카 수급 조절계획에 대한 법률적 기반을 확보하였다. 하지만 의욕이 앞섰는지 법률적 기반이 확보되기 전부터 행정에서는 렌터카 증차를 허용하지 않았고, 이는 소송으로 이어졌다. 오히려 소송에 패소해 증차를 허용하는 우를 범하게 되었고, 렌터카 감차 기조에 영향을 주어 정책 실현이 어려워진 결과를 낳았다. 더욱이 행정에 협조하여 자율 감차를 진행한 업체가 손해를 감수하는 부정적 영향마저 초래되었다.

렌터카 수급계획은 도내 차량 증가에 의한 차량정체로 이어지고, 렌터카 차량 증가에 따른 과당경쟁으로 고객 서비스 품질 저하와 업체의 경영난은 물론 렌터카 교통사고 발생이 늘어나는 등 부정적 영향이 커져 이를 줄이고자 도입된 정책이다.

앞서 말했듯 제주는 전국에서 압도적으로 높은 차량 보유율을 기록하고 있다. 나날이 증가하고 있는 도내 차량 대수를 보면서, 차량 운행을 위한 사회적 비용과 그 기회비용이 부메랑으로 돌아와 고스란히 우리 도민에게 가중되고 있음을 누구도 부정하지 못할 것이다.

렌터카 수급 조절 이후 렌터카 대수는 감소하고 있다. 만일 렌터카 수급 관리가 이루어지지 않았다면 2025년에는 5만 대를 넘어섰을 것이라는 전망치가 나왔다. 이렇듯 렌터카 수급 조절은 15분 도시 등 대중교통 중심도시로 나아가기 위해서 앞으로도 흔들림 없이 지속해서 추진되어야 하는 정책이라 생각한다. 또한 차고지증명제, 대중교통체계 개편, 버스 중앙차로 등 자동차 중심도시에서 대중교통 중심으로의 전환을 위한 하나의 방안으로 도민사회에서도 부단한 노력을 하고 있다. 렌터카 총량제는 1500만이 넘는 관광객이 찾는 제주의 관광패턴을 대중교통중심으로 개편하고자 진행되는 것이기도 하다.

우리의 자연환경을 지키고, 효율적이며 건강한 도시를 만들기 위해서 도민사회뿐 아니라 도내 관광산업 관계자 모두가 합심해야 할 것이다.

가장 제주다운 모습으로 존치하는 것이
가장 아름답다

― 송창권 제주특별자치도의회 환경도시위원회 위원장

에너지데일리, 2023.01.27

제주도는 대한민국 대표 섬이다. 그러나 복잡한 문제들로 매년 몸살을 앓고 있는 불명예스러운 섬이기도 하다.

제주도를 찾는 관광객은 2021년 기준 1200만 명, 반면 제주도민 수는 67만 명이다. 어느 쪽이 제주도를 황폐화시킬까. 제주도에서 1인당 하루 쓰레기배출량은 1.7㎏를 넘겼다. 전국 1위다. 제주도 전역에는 8곳의 공공하수처리시설이 있다. 이곳을 통해 생활하수나 축산분뇨처리가 제주 앞바다로 배출되고 있다. 이런 가운데 포화상태에 이른 공공하수처리장 증설을 놓고 주민들로부터 십자포화를 받아 2023년도 역시, 갈등의 폭이 깊어진 상태다. 곧 불어 닥칠 제2제주국제공항 건립 역시 갈등이 불가피할 것으로 전망되고 있다. 여기에 개발에 따른 천연기념물 보호구역 훼손, 유네스코 등재 문화재 보호지대 파괴도 잇따르고 있다. 결국 수년 전부터 도행정과 주민들, 환경시민단체 사이에서 나온 자연보호 보전기금 _{입도세} 도입이 거론되고 있다. 천혜의 섬 생태계가 풍전등화의 위기에 놓였다.

본지는 2023년을 맞아 전국 환경·에너지 문제의 도화선이 되는 현장의 목소리를 담았다. 그 첫 번째로 제주특별자치도의회 환경도시위원장인 송창권 광역도의원더불어민주당, 외도·이호·도두을 만나 갈등의 원인과 해법을 들었다.

'한천 자연재해 개선지구 정비사업' 반드시 친환경공법 적용해야

송창권 환경도시위원장에게 인터뷰 전에 민감한 부분은 발언을 하지 않아도 된다고 주문하자 "도민들에게 알릴 것은 알려야 하고, 잘못된 점을 바로 잡을 부분이 있다면 감추지 않겠다"며 말문을 열었다.

송 위원장은 제주도의 환경·에너지 문제는 제주도만이 안고 갈 과제가 아니라 우리 모두의 과제라고 했다. 최대한 환경을 보전하면서 지속가능한 제주도를 위해서는 무엇이 잘못됐는지 수정할 수 있는 용기있는 도 행정을 발휘할 때라고 했다. 지난해 의정활동 중에는 해상 풍력, 하수처리장, 동물테마파크 조성 등을 놓치지 않았다. 그는 한라산에서 쏟아지는 물 폭탄 때문에 화산암 하천이 범람해 반복적으로 막대한 인명 피해가 발생하고 있는 한천 복개구간에 대해 언급했다.

한천 복개구간은 2007년 태풍 '나리' 당시 4명의 인명 피해와 주택파손 및 침수 74동, 차량파손 201대 등의 피해가 있었으며 2016년 태풍 '차바' 때에도 주택침수 13동, 차량파손 30여 대의 피해가 있었던 지역으로 태풍이나 집중호우 때마다 하천범람으로 인한 피해가 발생하는 지역이다.

이 같은 피해 재발을 막기 위한 '한천 자연재해 개선지구 정비사업'이 올해 첫 삽을 뜬다. 이 사업은 행정안전부 지원으로 300억 원을 투입해 기존 복개천을 뜯어내 자연하천을 복원하는 프로젝트다. 그동안 주차장으로 써온 복개천을 덮은 콘크리트 구조물의 100% 현장 철거가 기본설계로 잡혀 있다. 하지만 앞선 도내 토목공사에서는 하천정비사업마다 콘크리트 잔재물 해체철거와 절단과정에서 쏟아지는 발암물질인 슬러지를 하천이나 바다로 버려왔다. 관행적으로 감리는 묵인했고, 발주처는 눈감아주거나 반환경적인 공법 때문에 고비용 저효율의 환경오염을 유발했다. 뒤늦게 제주시는 민감한 상황을 인지하고 주민설명회를 2월 중에 열 계획이다.

한천 정비사업 추진 배경과 관련, 송 위원장은 "반드시 친환경공법 적용과 함께 공사 전후의 환경영향평가를 주민들이 공감하는 수준으로 맞추기를 희망한다"며 "다시는 토목공사에서 안전과 생태계를 위협하는 행태가 언론에 거론되지 않도록 철저히 준비해서 예산을 가치 있게 쓰는 게 도리"라고 말했다. 그러면서 공사과정 모니터링을 의회에서 할 수 있는 부분까지 살피겠다고 했다.

송 위원장은 한천 정비사업이 세 가지의 환경개선 효과를 준다고 했다. 자연재해 예방 측면에서 도민의 생명보호는 당연한 방어망이고 주거환경 개선과 화산암 하천 바닥을 원형 그대로 살린 자연친화적인 하천 개선 효과가 그것이다. 앞서 제주시 관계자는 공사 과정 중 일어날 소음, 진동, 분진, 하천 오염을 철저히 차단하겠다고 약속했다.

송창권 위원장은 "한천 정비 사업은 생태계 복원력을 갖추는 틀을 뛰어넘어 그동안 하천 주변 주민들이 활용했던 기존 주차장이 없어지는 불편함보다 더 큰 가치를 안겨줄 주거환경개선, 생태 하천 복원의 장점을 이해해줬으면 한다"고 부탁했다.

환경의 날 기념식
6월 1일(토) 14:00
수을근린공원
빛나는 제주!
APEC
Asia-Pacific
Economic Cooperation
2025년 APEC은 제주에서

환경도시위원장직 놓고 환경과 도시 부분 충돌 고백

그는 "광역의원으로서 도지사의 도정이 성공적으로 이행되도록 도와야 하는데, 제주도민들에게 약속한 제주도다운 미래지향적인 설계에도 소홀함이 없게 하겠다"는 의지도 보여줬다.

송 위원장은 "제주도 하면 청정 환경을 떠올리는데 실상 잘 지켜지고 있는가 하는 우려의 시선과 함께 안타까운 모습들이 많은 것도 사실"이라며 "이는 정작 도의회에서도 환경문제에 집중하지 못한 면이었다"고 고백했다.

송 위원장은 환경도시위원장직을 놓고 보면 환경과 도시 부분이 충돌된다고 했다. 그는 "도시를 환경적으로 꾸려나가겠다고 하면 환경도시위원회가 아닌 환경위원회가 따로 있어야 되고 도시 건설만을 보게 되면 도시위원회가 따로 있어야 하는데 둘을 합쳐놓은 것"이라고 고충을 털어놨다.

송 위원장은 환경위원장 역할만 할 수도, 도시건설위원장 역할만 할 수도 없는 중립에 있어서 균형감 있는 막중한 책임도 내비쳤다. "지금까지 약간은 환경에 치우친 입장을 취해왔다. 그러다 보면 도시 건설도 스마트한 도시로 압축 성장시켜야 난개발이 억제될 수 있기 때문에 도시 디자인 설계 부분에 더 신중해졌다고 생각한다"고 제주도의 미래를 살짝 엿볼 수 있는 속내를 꺼냈다.

그는 "조금은 기울어진 듯해서 걱정도 되지만 위원장으로서 균형감을 잃지 않으려고 한다"고 말했다.

초과밀 관광객, 난개발, 훼손 방치 - 중국 자본에 잠식된 제주

제주도는 포화상태를 넘어 초과밀의 관광객 수요에 따른 난개발과 이에 따른 자연 훼손이 방치돼 왔다. 그러다 보니 국립공원 한라산 정상에서부터 서귀포시를 포함한 모든 해안선과 바다 생태계에서 과거의 제주도 모습이 사라졌다.

송 위원장은 "이런 위기감은 저뿐만 아니라 도민들도 공감할 것"이라며 "'개발중심'에서 'ON 친환경 제주 지키기'로 생각들이 바뀌고 있는 것을 많이 듣게 돼 고무적"이라며 "제주를 후대 세대에게 잘 물려줘야 한다는 뜻이기도 하다"고 했다.

제주도를 서울·부산·광주 등 대도시의 모양처럼 만들 이유는 없다는 송창권 위원장은 "가장 제주다운 모습으로 존치하는 것이 가장 아름답다. 그래야 전 국민들이 보호하고 보전하는 시스템 전환에 동참하고 제주관광을 바라지 않겠느냐"며 "치유의 섬이 존재하도록 지키는 건 마땅한 의무"라고 했다.

송 위원장은 '그런데'라는 단서를 달았다. 일부 도민들의 목소리도 전했다. "그런데 제주 환경을 지키겠다고 해서 옛날 모습 그대로만 있는 것이 좋은 것인가 얘기하는 분들도 있다"면서 "역시 개발 욕구가 있을 수밖에 없다"고 했다.

십여 년 동안, 제주도는 중국 자본 잠식이 집중됐다. 자연녹지가 상업부지로 둔갑하고, 원주민들은 쫓겨나고 제주의 특성이 하나둘씩 자취를 감췄다. 실제로 양돈산업 촉진정책도 두 얼굴이 됐다. 악취와 함께 토질과 수질오염을 악화시킨 부작용을 낳았고 오염 수위는 지하수, 해안선 턱 밑까지 차올랐다. 또한 "불법적인 방류와 농약과 화학비료를 제일 많이 쓰는 곳이라는 오명이 나오는데 무척 우려스럽다"며 송 위원장은 현실을 부정하지 않았다.

그는 "제주도 인구는 2013년 59만 명에서 매년 가파르게 늘어나고 있고, 여기에 코로나 시즌 3년 내내 관광객도 줄지 않았다"면서 "덩달아 교통 문제는 주민이나 관광객들이 함께 떠안았고 실제로 육지와 똑같이 높은 미세먼지 빈도를 보였다"고 근심어린 표정을 지었다.

송 위원장은 "전 정부 얘기를 해서 죄송하지만 환경의 기초시설조차도 제대로 갖추지 못한 채 인구 유입만 늘어나 도민들의 삶의 질이 매우 떨어졌다"고 지적했다. "그렇다고 손 놓고 있을 순 없다. 제주는 도시보다는 섬이라는 분위기가 어울리는 국내외 대표적인 섬이어야 한다"며 "이번 한천 정비사업 역시 기후위기시대에 맞춰 중요한 터닝 포인트로 삼겠다"고 했다.

오영훈 제주도지사에게 하천과 관련해서는, 함부로 건드리지 않도록 인식 전환이 필요하다는 얘기를 한 적이 있었다고 했다. 그는 "오영훈 도정은 민주당 도정"이라며 "68만 명 도민의 삶의 질이 좋아지고 정책 방향이 흐트러짐 없도록 도와나갈 생각이다"고 말했다.

의원 자격으로 날선 지적도 감추지 않았다. "공무원들이 관료주의에 빠져 있거나 괸당문화에 젖어서 좋은 게 좋다고 지나갈 때가 많았다. 공무원이라면 책임 있는 자세와 자기 업무 외 칸막이 행정까지 간섭하는 형태는 끊어야 할 악습"이라고 지적했다.

그는 "제주도 1년 예산 7조 원 시대, 예산을 함부로 쓰지 않도록 감시해 오영훈 도정이 성공할 수 있게 하겠다"고 했다.

제2국제공항… 도민 의사결정권 존중

제2국제공항에 대해서도 솔직하게 얘기했다. "환경 측면에서만 보면 굳이 그럴 이유가 있나”라면서 “많은 분이 찬성하는 얘기를 하는데 제주시 만의 블랙홀이 아닌 서귀포 지역의 균형 발전이 이뤄져야 한다는 목소리 도 사실”이라고 부인하지 않았다. 그는 “위원장이 되기 전에는 제2공항 건립을 반대하는 입장이었지만 이제 도민 결정권을 존중해야 한다”고 위원장의 위치에서 선을 그었다.

서귀포에 들어설 제2국제공항은 현재 제주국제공항 규모보다 훨씬 큰 150만 평 면적이다. 송 위원장은 “어마어마하다. 그만큼 넓은 땅이 굳이 필요한지 모르겠다. 활주로도 하나밖에 없는데, 그래서 공군 비행장으로 활용할 거라는 오해도 받는 것”이라면서 “지난번 원희룡 지사 때 도민의 뜻을 정리하지 못해 갈등만 깊어졌다”며 염려를 내비쳤다. 제주도의회 의석수는 야당인 민주당27명이 조금 앞선다. 국민의힘12명 당론은 제2공 항 찬성이다.

도정과 도의회의 분위기도 전했다. “민주당이 도의회의 다수당이고 심지 어 제주도정도 민주당이지만 당론으로 정해야 될 것인지 그 부분조차도 아직 논의가 안 된 상태이고 아마 의견을 하나로 모으기 어려울지도 모 른다”며 제주도민들의 의사결정권을 존중할 것이라고 했다.

'입도세', 질 좋은 생태환경 서비스 제공 처방약

제주 관광객들에게 부여할 '입도세' 즉 환경보전 분담금 입장도 밝혔다. 송 위원장은 “이 법안은 기정사실화된 것은 아니다”며 “왜 제주도만 받 느냐, 전 국민이 특별한 지역에만 가면 돈 받는다는 얘기인데, 울릉도나 독도, 홍도도 받아야 하지 않느냐는 입장도 설득력이 있다”고 했다.

제주도 보존 가치를 지키기 위한 기금이라는 그는 “한라산, 곳곳의 습

지나 오름이나 올레길, 곶자왈 등의 훼손이 심하다. 쓰레기, 하수 처리 비용, 온실가스 배출 저감 등에만 쓰는 기금으로만 제주도 전체 예산의 1/10 정도인데 이미 유럽의 여러 지역에서는 생태계 부담금을 부가해서 성공한 사례도 있다"고 이해를 구했다. 입도세는 바로 질 좋은 생태환경 서비스 제공의 마지막 처방전이라고 했다.

과거 기금을 받아서 문제도 있었다. 관광복권을 발행했고 복권기금으로 일정 부분은 도로 포장이라든지 지역 토건족들의 배를 불리는 데 쓰였다. 송 위원장은 "그런 부분이 반면교사가 되지 않을까. 소위 목적세와 비슷한데 환경보존 분담금은 청정 제주도 환경을 지키기 위해 써야 하지만, 관광이나 여행 관련업에 종사하는 분들이 반대하니 설득해나겠다"고 강조했다.

실제로 농업 부분도 피해를 본다고 FTA 기금이 농협 출하 포인트나 농약과 비료 지원 등 무분별하게 쓰인 부분도 있다. "그러니까 복권기금이나 FTA 기금, 양돈 심지어 감귤 자조금까지 엉뚱한 쪽 배 불리는 데 흘러간 부분을 시정하고, 환경에너지세처럼 더 부가가치를 높일 방향으로 깐깐하게 의정에서 되짚는 역할을 해야 될 때"라고 했다.

마무리에서 송창권 위원장은 "오영호 도정은 조직 개편 때 제주도를 친환경시대라는 틀을 구축하기 위한 관점에서 차별화를 뒀다"면서 "친환경농사를 짓는 농부에게 더 많은 혜택을 주는데 행정, 입도세 도입 취지는 천혜의 섬 제주도가 국민들과 해외에서 사랑받는 섬다운 섬을 보전하는 마지막 장치"라고 거듭 이해를 구했다.

의원 권한 중
'입법활동'이 가장 소중
- [조례안으로 본 민선 8기 지방의회] 조례안 발의 건수 1위 의원 인터뷰

머니투데이, 2023.05.23

머니투데이 〈더리더〉가 출범 10개월째인 민선 8기 지방의회의 '조례안 우수 의원'을 만난다. 〈더리더〉는 지방의회 종합 정보 사이트 '풀민지DB'풀뿌리민주주의 지방의회 데이터베이스 오픈을 기념, '조례안으로 본 민선 8기 지방의회'라는 기획기사를 보도했다. 〈더리더〉는 해당 기획을 통해 선정된 조례안 1위 의원광역의회별을 만나 의정활동 전반에 대해 인터뷰했다. [편집자 주]

제주도의회 의원 중 조례안 발의 건수 1위 의원은 송창권 의원더불어민주당, 제주시 외도동·이호동·도두동 선거구으로 나타났다. 머니투데이 〈더리더〉가 국내 첫 지방의회 종합 정보 사이트인 풀뿌리민주주의 지방의회 데이터베이스풀민지DB와 각 지방의회 홈페이지를 통해 작년 7월 1일부터 올해 4월 17일까지 발의된 조례안 자료를 전수 조사한 결과 송 의원은 민선 8기 임기 동안 9건의 조례안을 발의해 이승아 의원과 공동 1위를 기록했다.

송 의원은 "1위를 목표로 활동한 것은 아니지만 뜻밖의 귀한 소식에 감사하다"며 "평소에도 의원의 권한과 역할 중 입법활동을 가장 중요하게

생각하고 있다"고 말했다. 이어 그는 "조례안 발의 숫자로 보여주기보다
도민 삶에 도움이 되는 의미 있는 조례를 만들겠다"고 밝혔다.

송 의원은 가장 기억에 남는 조례안에 대해 '제주특별자치도교육청 죽음
이해 교육 지원 조례안'을 꼽았다. 그는 "죽음에 대한 교육을 받게 되면
한정된 삶에 대해 생각하게 되고 생명을 더욱 존중하게 될 것"이라고 발
의 배경을 설명했다.

송 의원이 민선 7기 의회부터 준비했던 이 조례안은 8기 의회에서도 본
회의를 통과하지 못하고 교육위원회의 '심사 보류' 상태에 있다. 그는
"앞으로 삶과 죽음에 대한 내용이 교육과정에 포함된다"면서 해당 조례
안이 통과될 수 있을 것으로 예상했다.

송 의원은 지난달 2일 아동출입제한업소 지정금지에 대한 사항을 규정
하고 인권차별 행위를 근절하는 내용의 '제주특별자치도 아동출입제한
업소노키즈존 지정 금지 조례안'을 대표 발의했다. 지난달 11일 열린 제주
도의회 보건복지안전위원회 제1차 회의에서는 이 조례안에 대해 심사
보류 결정을 내렸다. 영업 자유의 침해와 아동인권침해에 대한 기본권
다툼의 소지가 있고, 법률유보원칙에 위배된다는 의견이 제기됐기 때문
이다. 이에 송 의원은 "다음 상임위 때는 법적 해석의 여지를 완화해 통
과시킬 수 있도록 준비하고 있다"고 말했다.

송 의원은 제주 오현고등학교를 졸업하고 제주대 행정학과를 졸업했다.
동 대학원에서 석사와 정치외교학 박사를 수료했다. 제주국제대학교와
제주한라대학교에서 강사를 지냈고 성지요양원 원장을 역임했다. 현재
는 제주자치분권연구소 소장과 제주특별자치도의회 환경도시위원회 위
원장을 맡고 있다.

서부중학교 부지 매입,
뛸 듯이 기뻐
– [인터뷰] 도의회 환도위 송창권 위원장

뉴스라인제주, 2023.07.24

2023년 7월 24일, 제주인터넷신문방송기자협회회장 양대영, 이하 '협회'는 제주자치도의회 환경도시위원회 송창권 위원장을 만나 지역구 숙원사업인 서부중학교(가칭) 부지 매입 완결과 관련해 소감과 향후 일정에 대해 물었다. 이날 오후 2시, 제주도의회 송창권 의원실에서 진행된 인터뷰에서 협회는 첫 번째로 "김광수 교육감이 가칭 서부중학교의 예정부지를 전부 매입했다고 긴급 기자 간담회를 통해서 밝혔는데 현재 지역구 도의원으로서의 심정이 어떤가"라고 물었다. 송창권 의원은 "우선 덩실덩실 춤이라도 추고 싶을 정도로 기쁘다"라며 "외도지역에서는 20년 넘게 밀려진 숙제이고 제 개인적으로도 2006년 열린우리당으로 첫 도의원에 출마했을 때부터 주요 공약사항이었다. 17년 넘은 체증이 뚫리는 것 같다"고 힘주어 말했다.

이어 "토지매입에 좀 더 현실적인 협상을 했었더라면 시간을 당길 수 있지 않았을까 하는 아쉬움도 없지는 않다"며 "그래도 매우 잘 되었다고 본다. 어쩌면 가칭 서부중학교의 신설과 관련해서는 한배를 탄 김광수 교육감을 비롯한 강동선 행정국장과 문성인 교육행정과장 등 도교육청 관계자들의 수고에 고마움을 보낸다"고 말했다. "서부중학교 부지매입과 관련해 여기저기서 공치사가 많다. 특히 정치인들이 뜬금없이 축하 메시지를 보내면서 자기의 업적인 듯 자랑하고 있다. 이 점은 어떻게 생각하는가?"라는 질문에, 송창권 의원은 "20년 넘은 숙원사업이 이제 본격적으로 착수하게 되었기에 경사이다. 그래서 누구나 함께 기뻐하고 밥상에 숟가락 얹는 것은 이해할 만하다"라며 "하지만 지금의 결과를 내기 위해서 얼마나 많은 씨를 뿌렸는지 그 수고의 역사를 인정하고 기억해주었으면 좋겠다"라고, 서운함을 숨기지 않았다.

"어떤 학교를 조성하고 싶은가"라는 질문에, 송창권 의원은 "7,800평 부지 위에 전국에서 가장 멋진 학교를 세워야 한다. 성냥갑 같은 네모난 건물을 지을 생각은 없다"라며 "결자해지의 정신으로 정상적인 개교가 되도록 온 열정을 다하겠다"고 강조했다. 덧붙여 송 의원은 "그것이 '20여년 묵은 숙제를 풀라'는 지역 주민들께서 저에게 주신 명령을 잘 받드는 것이고, 책무이며, 또한 최소한의 밥값을 하는 일"이라고 힘주어 말하며, "그동안 기다렸던 모든 분들께 미안하고 감사를 드립니다"고 고개 숙여 마음을 전했다.

3년 넘게 기다린
양식장 배출수 수질 기준 마련

헤드라인제주, 2024.04.04

3년 넘게 기다린 양식장 배출수 수질 기준이 드디어 조례로 제정되었다. 오랫동안 이 문제를 해결하기 위해 노력해 온 제주도정과 제주도의회는 이번 조례 제정을 통해 양식장 배출수 수질 문제를 해결할 수 있는 기반을 마련하게 되었다.

그동안 제주특별자치도는 2004년에 고시된 양식시설 배출수 수질 기준에 따라 양식장을 관리해 왔다. 그러나 「물환경보전법」이 개정되면서 고시기준이 폐기되고, 대신 조례를 제정하여 관리하도록 변경되었음에도 불구하고 무려 3년이 넘도록 조례를 제정하지 못했다. 그리고 이는 제주도의 연안 해양환경관리 보호에 큰 공백을 초래했다.

지난해 12월에야, 제주도지사는 '수산물 육상양식시설 배출수 수질 기준에 관한 조례안'을 도의회에 제출했다. 해양쓰레기는 치워도 치워도 끝이 없이 밀려오고 넘쳐나는 상황에서, 각종 오염수로 연안 바닷물은 썩어가고 연안 해양 생태계는 파괴되어 가는데, 제출된 조례안에는 기존

20년이 넘도록 적용되어 왔던 기준을 복사하여 붙인 듯 그대로 제시되어 있어서 해양환경오염 문제에 대해 적극적인 대처 의지가 부족하다는 거센 비판을 받았다. 악취가 발생하는 각종 오염수로 바다가 죽어가는 심각한 문제에 대해 이번 조례안에서는 이에 대한 어떠한 의지나 정책 방향도 보이지 않았다. 따라서 제주도의 해양환경보호의 정책 방향이 제대로 설정되어 있지 않다는 우려가 제기되었다. 환경규제는 종종 관련 기업이나 지역주민들의 반발을 불러일으킨다. 그러나 이러한 반발에 따른 온정적 타협으로 환경기준을 완화하거나 무시하는 것은 결국 더 큰 문제를 초래할 뿐이다.

양식산업만이 제주의 청정한 연안 환경을 오염시키는 주범은 아니지만, 일정 부분 오염원의 책임이 있음은 분명하다. 그러함에도 그동안 양식장에서 생산된 광어 등은 국민 횟감으로 사랑받아 왔고, '기르는' 어업의 대표 주자로서 어업 생산성 증가와 수출에 따른 경제적 이익을 가져다 준 것도 부인할 수 없다. 그렇다면 미래 먹거리 생산의 대표적 주자로 양식산업이 보다 더 경쟁력을 갖추고 지속가능하기 위해서는 무엇이 필요할까? 바로 제주 청정 연안 해양환경이 있어야 하고, 그것을 지키기 위한 시작은 합리적 양식장 배출수 수질 기준이라고 생각한다.

지난 3월 말, 제425회 임시회 제2차 본회의에서 환경도시위원회에서 일부 내용을 보완하고 강화하여 수정한 조례안이 통과되었다. 비록 일부 수정된 사항이 평소 생각했던 수준에는 미치지 못했지만, 그동안 수질 기준조차 마련되지 않아 관리의 사각지대에 놓여 있던 양식장이 체계적으로 관리될 수 있는 여건이 마련되었다는 점에서 조례 제정의 의미는 크다고 본다. 이번에 제정된 조례는 단순한 수질 기준 제시뿐만 아니라 유관부서와 협의하여 관리계획을 체계적으로 수립하고, 양식장 지도·점검을 강화하도록 함으로써 직접적 수질 기준 강화와 유사한 효과를 얻을 수 있을 것으로 기대한다. 그리고 3년마다 배출수 수질 기준이 타당한지 검토하여 농도·항목·측정방법 등이 개선되도록 명문화하였다.

제주 연안 해양환경의 문제는 양식산업만이 아니며, 해양환경에 부정적 영향을 미칠 수 있는 오염된 지하수, 하수처리장 배출수, 농·축산 폐수 등의 원인에 따라 합당한 대응 방안 마련도 필요하다.

모두의 공유재산인 제주 청정 해양환경을 잘 관리하여 지속적으로 누릴 수 있도록 노력해야 한다. 그 과정에서 양식산업이 주도적인 역할을 수행하고, 제주도정은 이에 대한 지원을 아끼지 않아야 한다.

제주도민에게는 바당이 친구이고, 놀이터이며, 삶의 터전이 되고 꿈을 펼칠 수 있는 보물이기 때문이다.

'보통교부세 3%' vs '제주형 기초자치단체'

헤드라인제주, 2024.09.20

돈이 중요하다는 점은 부인할 수 없습니다. 특히 집행부와 함께 지방자치단체를 책임지고 운영하는 한 축인 의회 의원의 입장에서는 도민의 민생을 챙겨야 하는 기본적 책무가 있기에 재정은 매우 소중합니다.

제주도 살림살이를 위해서는 단 한 푼이라도 더 벌어들이고 한 푼이라도 더 아껴야 합니다. 저 또한 도의원으로서 그렇게 해 나가겠습니다.

요즘 우리 제주도의 현안 중 하나는 제주형 기초자치단체 설치입니다. 이를 위해 도지사를 비롯한 도민들의 역량이 결집되고 있습니다. 그런데 일부에서 보통교부세 3%를 전가의 보도처럼 거론하면서, 기초자치단체를 설치하게 되면 법적으로 보장받았던 3% 정률제 특혜를 상실할 수 있다는 부정적인 이야기를 합니다. 저도 보통교부세 3% 정률제가 유지되기를 바랍니다. 하지만 정률 3%와 기초자치단체 설치라는 두 마리 토끼를 다 잡을 수 없다면, 저는 기초자치단체 설치를 원합니다.

제주형 기초자치단체 설치가 더 중요한 가치이고, 실제로 보통교부세

3% 교부액보다 더 많은 교부액을 확보할 수도 있다고 보기 때문입니다. 저는 도민의 역량과 도정의 능력을 믿습니다. 정률 3%가 오히려 우리 제주도민의 역량을 축소하고 안일하게 만들어 버릴 수도 있습니다.

3개의 기초자치단체_{동제주시, 서제주시, 서귀포시}와 1개의 광역자치단체_{제주특별자치도} 총 4개의 지방자치단체가 설치되었을 때, 각 법인격 지방자치단체가 최선을 다하고 경쟁적으로 자치 역량을 발휘하면 교통교부세 3% 이상의 교부세를 확보할 수 있을 것입니다. 실제로 특별자치도 설치 이전에도 3%를 넘었던 시기가 있었습니다.

더욱이 도로, 항만 등 7개 특별행정기관의 이양사무를 우리 도에서 처리하고 있기에 보통교부세 3%의 논리와 근거도 충분합니다. 중앙정부가 일만 시키고 돈을 안 주면 부당노동행위를 하는 것이죠.

혹 굳이 3%를 포기하라면, 자치권이 훼손되고 특별자치도의 지위와 권한이 약화는 될지언정 7개 특별행정기관의 사무도 다시 중앙정부가 가져가라고 하면 됩니다. 그러면 3%에 해당하는 재정은 절감될 것이고, 오히려 국가에서 특별행정기관의 사무를 기관위임하면서 재원까지 지원해야 하기에, 어쩌면 더 얻어낼 수도 있다고 봅니다.

지난 9월 초 도정질문에서 오영훈 도지사는 도민의 자치권 회복과 도민 행복을 위해 기초자치단체 설치에 대한 강한 의지를 펼치면서 보통교부세 3%도 포기할 수 있다고 답변했습니다. 그런 오영훈 도지사를 응원하며 함께할 것입니다.

결론적으로 보통교부세 3%가 중요한 재정적 자원이지만, 그보다 더 큰 가치인 '자치권, 참정권, 민주성'이 더 소중한 권리라고 봅니다.

세종특별자치시는 도시 단위이기에 단일 행정체제가 효율적일 수 있지만, 알다시피 '도'道 차원에서는 법인격 기초지자체가 없는 곳은 제주도가 유일하며, 이는 사실상 주민의 자치권을 빼앗긴 것이나 마찬가지입니다. 풀뿌리 자치권은 반드시 회복해야 합니다. 국가는 '보통교부세 3%'에 발목 잡힌 주민투표를 풀어주어야 합니다.

대한민국의 모든 권력이 국민으로부터 나오는 것처럼, 제주도의 모든 권력은 도민으로부터 나옵니다. 이제 진정한 도민주권 시대를 열어야 합니다. 도민의 뜻에 의해 선택을 받고 도의원의 일을 하는 저로서는, 오직 도민을 위해 그 대업에 도정과 발맞춰 최선을 다해 나가겠습니다.

혼잡한 대의정치,
주인이 직접 주민투표로 결정해야

뉴스제주, 2025.08.25

도민 앞에 고개 숙이는 정치

'제주형 행정체제 개편'은 중차대한 현안입니다. 민생과 제주도민의 삶의 양식까지 영향을 미치는 매우 구조적이고 근본적인 사안이며 발등의 불입니다. 민선 9기 출범이 1년도 채 남지 않은 지금, 주민투표로 제주의 미래를 결정해야 할 귀중하고 엄중한 시기입니다. 그러나 국회의원과 도지사와의 입법 갈등, 도의회 의장의 전격적인 여론조사 추진 등으로 혼란이 가중되며 정치권이 도민사회의 불안을 키우고 있습니다. 더불어민주당 원내대표로서, 또한 선출직 도의원의 한 사람으로서 안타까움을 넘어 창피하고 무력감을 느끼며, 도민 여러분께 죄송한 마음뿐입니다.

세계정치가 요동치고 국정이 제자리를 잡아가는 이때, 제주정치가 마땅히 도민의 뜻을 하나로 모아 앞으로 나아가도 부족할진대, 오히려 혼란을 가중하는 모습에 도민 여러분 앞에 고개를 들 면목이 없습니다. 제주의 미래를 위해, 그리고 도민사회의 복리 증진을 위해 도민 삶을 살피고

지역 현안을 잘 해결하라고 주민의 귀한 선택을 받은 선출직 공직자로서
정치 본연의 역할과 기본자세를 다시 생각하게 되는 요즘입니다.

해묵은 과제, 국가적 과제로 발전하다

아시는 것처럼, 제주형 행정체제 개편 문제는 어제오늘의 일이 아닙니
다. 2006년 기존 4개 시·군이 폐지된 이후 양 행정시의 한계를 경험한
모든 도민이 지속적인 문제를 제기해 왔던 해묵은 현안이자 완결되지 못
한 숙제입니다. 오영훈 도정은 이번에야말로 소모적 논쟁을 종식하겠다
고 제1 공약으로 행정체제 개편을 제시했습니다. 도민들 또한 이번만큼
은 이 문제가 해결될 것이라는 간절한 기대를 하고 선택했고 함께 이끌
어 왔습니다.

특히, 민선 8기 출범 이후 오영훈 지사와 의회, 그리고 많은 도민의 염원
과 노력 덕분에 이재명 대통령의 국민주권정부 국정과제에 '지역 주도
제주형 기초자치단체 설치 지원'이 반영되는 큰 선물을 받게 되었습니
다. 이제 법인격 있는 완전한 기초자치단체 설치는 단순한 제주의 희망
사항이 아니라 국가의 과제로 확정된 것입니다.

20년 전 시군 통합으로 법인격이 폐지된 이래 가장 큰 진전이라 할 수 있
습니다. 그런데도 현재 행정구역 선호에 따른 정치적 이해득실이 개편의
발목을 잡는 현실은 참으로 안타깝습니다.

도민 숙의로 도출된 '3개 구역 안'

작년 7월 제주도정은 '동제주시·서제주시·서귀포시'로 구성된 '3개 구역
기초자치단체 설치안'을 도민의 뜻으로 수용하고 행정안전부 장관에게

주민투표 실시를 건의했습니다. 이 '3개 구역 안'은 지난 2년간 숙의형 공론화 과정을 거쳐 도출된 도민의 잠정적인 뜻입니다.

제주특별자치도 행정체제개편위원회에서 300명의 도민참여단이 참여한 4회의 숙의 토론과 설문조사, 4회의 도민 여론조사, 48회의 도민 경청회, 3회의 전문가 토론회 등을 통해 도출된 소중한 결과입니다. 이는 단순히 "행정구역이 몇 개냐?"라는 질문에 즉답한 여론조사가 아니라, '세수 불균형, 예산 문제, 청사 설치의 비용과 위치, 공공 서비스 체감도, 책임행정' 등 다양한 요소를 종합적으로 검토하고 토론해 도출된 결과입니다.

저 개인적으로는 꾸준히 4개 구역_{제주시·서귀포시·동제주군·서제주군}이 바람직하다는 소신을 가져왔습니다. 오영훈 지사 역시 5~6개 구역의 기관 통합형을 선호한 것으로 알고 있습니다. 그러나 도민참여단의 공론화 결과가 3개 구역 안이었기 때문에, 선출직인 우리는 도민의 뜻을 수용할 수밖에 없었습니다. 원희룡 도정처럼 공론화 권고를 무시할 수는 없지 않습니까?

'3개 구역 안'은 지역 균형발전, 지역 간 선의의 경쟁, 접근성 향상, 국회의원 지역구 일치, 행정비용 절감, 제주시 일극화 방지 등 장점을 가지고 있습니다. 물론 한계도 있습니다. 그러나 숙의와 공론으로 도출되고 도지사가 이를 존중한 만큼, 주민투표로 이어져야 하는 것이 정당합니다. 주민투표야말로 제주의 미래를 도민이 직접 결정하는 길입니다.

정치적 이해관계가 불러온 혼란

그럼에도 최근 상황은 매우 유감스럽습니다. 그동안 많은 시간과 비용을 들여 마련한 도민의 뜻을 무시하고, "제주시를 동서로 나누는 것은 문제가 있다"라는 주장과 함께 새 법안을 내거나 공론화 자체가 불공정했다

는 식의 비판이 이어지고 있습니다. 심지어 '기초자치단체가 꼭 필요하냐'는 주장까지 나오며, 현 체제 고수론이나 법인격 없는 행정시장 직선제 논의로 도민사회에 혼란을 부추기고 있습니다.

특히, 민선 8기 2년간의 공론화 과정을 몰랐던 것처럼 말하며 '제주시 쪼개기 방지'라는 부정적 정치 수사를 사용하는 것은 심히 유감입니다. 이는 도정과 도민의 노력을 폄훼하는 것입니다. 결국 이러한 갈등은 행정안전부가 "2개냐, 3개냐의 합의가 없다"라며 주민투표를 미루는 빌미를 제공했습니다. 통탄할 현실입니다.

이런 상황에서 이상봉 의장이 도의회 차원의 여론조사를 제안한 것은 고육지책이지만 또 다른 갈등과 혼란을 불러올 수 있습니다. 여론조사는 법적 대표성도, 구속력도 없고, 각 진영이 결과를 자기 입맛대로 해석할 것이 뻔합니다. 이는 2년간의 공론화 과정을 불과 1,500명을 표본으로 조사한 결과로 번복하려는 인상을 줄 수 있습니다. 정당성도 없고 바람직하지도 않습니다.

주민투표로 도민 주권 완성해야

이제 우리는 근본적인 질문으로 돌아가야 합니다. 왜 행정체제 개편을 추진했습니까? 그것은 '제왕적 도지사 권력 분산, 도민 주권 강화, 지역 균형발전 실현'을 위해서입니다. 오영훈 도정은 권한을 내려놓고 도민의 자기결정권을 회복하려는 진정성을 보여주고 있습니다. 이는 높이 평가받아야 합니다.

사랑하는 도민 여러분, 이제는 종지부를 찍어야 합니다. 2026년 7월 출범은 물리적으로 어렵다는 전망도 있습니다. 선거구 획정, 「제주특별법」

개정 등 과제가 남아 있습니다. 그러나 지난 3년간 도민이 이뤄낸 숙의와 합의를 무시해서는 안 됩니다.

이른 시일 내에 행정안전부 장관이 주민투표 실시를 요구해, '제주형 기초자치단체 설치와 3개 구역 안'에 대해 도민의 최종 의사를 확인해야 합니다. 제주의 미래는 대리인이 아닌 도민 스스로가 직접 결정해야 합니다.

정부가 수도권 공화국을 깨고 5극 체제로 지역 균형발전을 이루려는 것처럼, 제주 또한 제주시 일극 체제를 넘어 3개 구역으로 나눠 균형적으로 발전해야 합니다. 이 귀한 기회에 주민투표를 실시할 수 있도록 도민 모두가 마음을 모아야 합니다.

정치는 대리인에 불과합니다. 주권자는 도민이며, 도민의 뜻을 받드는 것이 우리의 본분입니다. 저는 제주특별자치도의회 더불어민주당 원내대표로서, 도민 여러분과 함께 제주도의 미래 발전을 위해 끝까지 책임 있는 자세로 임하겠습니다.

제주 지하수는 생명수이자
공공자원이다

제민일보, 2025.10.15

제주특별자치도지사는 한진그룹 계열의 한국공항주식회사가 제주도 지하수관리위원회에 취수량 증산 신청한 것에 대해 가결 처리하여, 지난 7월 25일 제주특별자치도의회에 '먹는샘물 지하수개발·이용 변경허가 동의안'을 제출했다. 먹는샘물 취수허가량을 현행 월 3,000톤에서 4,400톤으로 증량 변경하는 것이 주요 내용이다.

현재 한국공항이 사익을 위해 요청한 동의안은 2가지이다. 하나는 현재 제주지하수를 통해 제조·판매하고 있는 먹는샘물제주워터 1일 100톤 취수량의 2년 연장허가 동의안이고, 또 하나는 지금 논란이 되고 있는 변경증산허가 동의안이다.

연장 동의안은 기득권의 논리로 지금은 울며 겨자 먹기로 연장을 해 주었다. 지하수 개발·이용에 대한 연장 주장도 일시에 부동의하는 게 어렵다면 점차 감량을 해서 결국 사익이 생기지 않게 됨으로써 연장 동의안 자체가 발생하지 않게 할 수도 있다. 또한 도민 대부분의 목소리도 연장을 시켜주지 말아야 한다는 것이다. 그런데 이번의 증산변경허가 동의안 때문에 도민의 연장허가 '부동의' 주장이 무력하게도 묻혀버린 꼴이 되어버렸다. 한진그룹 차원의 한국공항 입장에서는 어쩌면 손 안 대고 코를 푼 격이다. 다만 도의회와 도민들만 증산변경허가 동의안으로 갈등과 분열에 휩싸였다.

연장허가 동의안은 별론으로 하겠다. 증산변경허가 동의안에 대해 지난 9월 12일, 제주특별자치도의회 환경도시위원회에서는 2017년 법제처의 유권해석과 2019년 법원판결을 둘러싼 법적 해석을 놓고 제주도와 도의회 간 공방이 이어졌다. 2019년 법원 판결에 대해 법제처는 변경허가 신청 자체를 거부할 수 없다는 뜻일 뿐 변경허가 범위는 법원에서 판단하지 않았다는 입장이다. 그러나 제주도는 신청을 받아야 한다는 법원 판결은 곧 변경허가 대상이라는 입장이다.

현재는 해당 환경도시위원회 심사 안건으로 상정된 채 심사 보류되어 있다. 언제든 다시 심사하여 결론을 낼 수 있는 불안한 대기 상태라 할 수 있다.

사실, 한국공항의 지하수 취수량 증산 시도는 이번이 처음이 아니다. 2011년, 2012년, 2013년, 2016년, 2017년에 이어 6번째다. 증산 시도 때마다 한국공항은 수요 증가를 주요 이유로 들었는데, 이번에도 마찬가지다. 대한항공과 아시아나항공 기업결합에 따른, 전적으로 그들의 이익극대화 논리에 따라 수요 증가를 내세웠다. 수요량이 증가하여 먹는샘물이 필요하다면 삼다수를 사서 충당하면 될 것이다.

그 어떤 이유로도 개별기업, 그것도 대기업이 제주도의 생명수를 가지고 사익을 추구한다는 것은 용납할 수가 없다. 증산요구량이 얼마 되지 않는다는 수량의 문제가 아니다. 대한항공 등 한진그룹 차원에서 제주도에 기여하는 방책을 제시하면 가능하지 않겠는가라는 식의 거래 대상도 될 수 없다. 이익형량의 문제가 아니기 때문이다.

지하수 개발·이용 시에 상수도, 농업용수 등의 단순한 이용과 먹는샘물을 직접 제조·판매하여 이익을 얻는 것은 엄연히 달리 취급해야 한다. 한정된 공공자원인 지하수를 가지고 물을 판매하는 곳은 오직 법에 의한 공기업만이 되도록 해야 한다.

「제주특별법」 부칙에 따른 법 해석으로 혹 가능하다할지라도 공수화의 대원칙을 절대 훼손해서는 안 된다. 언제까지 사기업인 대한항공과 같은 한진그룹 계열인 한국공항에 끌려가야 하는가? 지금도 한국공항에서 운영하고 있는 제동목장과 정석비행장 등에서는 농업용수와 축산용 지하수 이용이 엄청난 양이다.

필자가 주장하는 것은 한정 공공자원인 생명수 지하수를 가지고 한정적으로 이용은 하더라도 "물은 팔아먹지 말아야 한다"는 것이다. 재벌 한진그룹이 언제까지 제주땅에서 현대판 봉이 김선달이 되려는 것인가? 정 필요하면 제주 지하수를 취수하여 제조·판매하는 도내 유일한 공기업 제주개발공사와 전략적 협의먹는샘물 제조·판매용 지하수 개발·이용 허가권의 프리미엄을 개발공사에 거래?를 통해서 좀 더 싸게 구입하면 될 일이다.

제주도 역시 증산 신청을 쉬이 받아들이기에 앞서, 이러한 대안과 한국공항의 공정수 처리비율을 낮추는 등의 요구를 함으로써 공수화 대원칙을 지켰어야 마땅했다. 그래야 공연한 오해도 없었을 것이고, 도정과 도의회의 갈등·분열, 나아가 도민의 원성을 자초할 일도 없었다.

제주도민들이 지하수 증산을 반대하는 이유는 제주 지하수는 제주의 생명수이자, 후손에게 물려주어야 할 공공의 자원이기 때문이다. 일개 기업의 수요 증가를 이유로 증산을 허용해주면, 결국 제주자치도 지방공기업에 한해 허용되던 먹는샘물 제조·판매 원칙이 무너지지 않겠는가하는 우려가 있는 것이다. 단순하면서도 숭고하다.

사실, 한국공항은 「제주특별법」 시행 이전에 허가를 받았다는 이유로 제주 지하수를 이용·판매하고 있을 뿐이다. 형식적인 법의 논리로 엄청난 특혜를 누리고 있다. 때마다 반복되는 지겨운 증산 요구로 제주도민들로부터 기업 이미지만 나빠지고 있다. 현대 기업들은 단순히 당장의 이익 극대화만이 아니어야 함을 많은 경제학자들이 주장하고 있다. 소탐대실하지 않길 바라며, 진지한 성찰과 사고의 전환을 기대한다. 그것을 증산 변경허가 동의안의 철회로 보여주길 바란다. 언젠가 주식회사인 한국공항은 이 땅 제주에서 먹는샘물 제조·판매가 결국 불가능할 것이기 때문이다.

제주특별자치도의 실질적 완성을 위한
제도적 필수 요소

포괄적 권한 이양 관련 국회토론회,

2025.11.17

제주특별자치도의 포괄적 권한 이양 제도 개선은 개별 법률의 조문마다 특례를 열거하는 방식에서 벗어나, 국가가 반드시 보유해야 하는 필수 사무를 제외한 모든 권한을 지방으로 이양하는 네거티브 방식의 전환을 의미한다. 이는 특별자치도가 지닌 현행 제도적 한계를 넘어, 고도의 자치권과 실질적 지역분권을 실현하기 위한 핵심 전략이자 「제주특별법」의 근본 취지를 구현하는 데 필수적인 제도적 기반이다. 특별자치도 출범 당시부터 제시된 지역 특성 기반의 고유한 자치 모델을 완성하기 위해서는 이러한 포괄적 권한 이양이 더 이상 선택이 아니라 구조적 과제가 되었다.

현재의 개별 특례 방식은 민주주의제도의 기본원칙 중의 하나인 지방자치의 기본 철학인 '보충성 원칙'을 충분히 반영하지 못하고 있다. 보충성 원칙은 지방정부가 스스로 처리할 수 있는 사무는 지방에 맡기고, 중앙정부는 국가적 통일성과 필수 사무에 한정해 개입해야 한다는 분권의 규범적 기준이다. 그러나 현행 제도는 모든 권한을 중앙이 선점한 상태에서 필요한 경우에만 일부 권한을 열거형 특례로 이양하도록 하고 있어, 지방의 자율적 권한 행사가 예외로 취급되고 있다. 지방을 마치 물가에 내놓은 어린아이 취급을 하는 것 같다. 후견적 지방자치의 모습이다. 한마디로 지방정부를 믿지 못하는 것이다. 단일국가로서의 주권불가분성과 법체계의 통일성과 단일성을 강조하며 모든 지방자치를 획일적으로 다루고 있는 형국이다.

그 결과 「제주특별법」은 481개의 조문을 포함할 정도로 방대하고 복잡하여 법의 간편성과 실용성이 떨어졌다. 더욱이 각종 특례 조항을 제도화하고 「제주특별법」에 입법화 과정을 거치다 보면 2~3년이 걸리기도 한다. 또한 전국 일반법은 시대정신에 따라 이미 개정을 해서 좀 더 보완되고 국민의 수요에 부응하는데 제주도는 거기에 따라가지 못한 채 제도 개선이 오히려 지체되는 구조적 역설을 낳기도 했다. 실제로 주민자치회 도입, 교육의원제 폐지 등 전국적 제도 변화가 이미 진행되었음에도, 제주에서는 관련 특례 조문 개정이 늦어 제도적 적용 시점이 뒤처진 사례가 많다. 제주도의 특수성과 직결되는 자원·환경 분야는 이러한 개별 특례 방식의 한계를 더욱 명확히 보여준다. 예컨대 제주도는 지하수 의존율이 용천수 포함 96.5%에 달하는 반면, 육지는 평균 8%만을 지하수로 충당하고 나머지는 지표수를 이용한다. 그럼에도 지하수관리 사무가 「지하수법」의 개별 조문 특례로만 「제주특별법」에 편입되어 있다는 점은 제주의 환경적 특수성과 자치 필요성을 충분히 반영하지 못하는 구조적 모순을 보여준다. 대한민국에서 우리 제주도만큼 지하수를 생명수처럼 다루는 곳이 어디 있겠는가? 그래서 우리 제주도처럼 지하수를 공적 자원으로 규정하고 공수화의 대원칙하에 먹는 물의 사익추구 금지를 명문화한 곳이 어디 있는가? 마찬가지로 4면이 해역으로 둘러싸인 제주에서는 3면이 바다로 둘러싸인 육지보다 더 공유수면 관리에 철저하고 공유화해 나갈 책무가 있다. 결국 공유수면관리 사무 역시 조례로 규율할 수 있는 자치입법 대상이 되어야 함에도, 여전히 중앙법의 개별 특례 구조 속에 묶여 있다.

이러한 문제 인식 아래 제주도는 포괄적 권한 이양이 가능한 60개 정도의 법률 중에 우선 대상 법률로 「관광진흥법」·「지하수법」·「공유수면법」·「산지관리법」·「옥외광고물법」 등 5개 법률을 선정하여 협의하고 있다. 이는 제주 특성이 가장 강하게 발현되는 사무 영역이고 이미 많은 권한이 제주로 이양된 사무이다. 자치권 확립에 실질적 변화를 가져오기 위한 전략적 조치로 평가할 수 있다.

지역 문제는 해당 지역이 가장 잘 알고, 해결책 역시 가장 현실적으로 판단할 수 있다는 점에서, 자치의 본질은 주민 근거리 행정에 있다. 이를 위해서는 자치입법권의 실효성이 무엇보다 중요하며, 중앙의 위임 절차 없이 조례만으로 지역 규범을 설계할 수 있어야 자치권이 실질적으로 작동한다. 세계 많은 국가에서는 이미 포괄적 권한 이양으로 지방정부에 대폭적인 입법 권한이 주어져 있는데, 일본과 우리나라 그리고 몇 개의 중앙집권 국가 정도만 개별적 권한 이양 방식으로 지방정부를 통제 관리하고 있다.

제주특별자치도가 출범한 지 20년이 되어가는 시점에서, 중앙법 중심의 개별 특례 체계가 아니라, 포괄적 권한 이양을 통한 자치입법의 정상화가 반드시 필요하다. 포괄적 권한 이양은 제주를 중앙의 예외적 특례관리 대상에서 벗어나, 고도의 자치단체로서 자율성과 책임성을 갖춘 제도 운영 주체로 전환하는 과정이다.

국회토론회
11.17.(월) 14:00 국회 박물관 국회체험관
도, 국회의원 위성곤·김한규·문대림, 한국지방자치법학회, 한국지방자치학회
주관 제주특별자치도
포괄적 권한
국회토
2025.11.17.(월) 14:00 국회
주제발표
2025년 11월 1   오후   3:19
좌 장
임 정
주제발표
조 성
토 론
송 창
토
박 경

포괄적 권한이양
국회토론회
2025.11.17.(월) 14:00 국회 박물관 국회체험관

더 나아가 자치입법권 확대의 실효성을 위해서는 조례에 벌칙 규정을 일정 범위 내에서 인정하는 방안 역시 검토될 필요가 있다. 다만 이는 죄형법정주의의 헌법적 원칙에 부합하도록, 조례에 의한 자율적 규율 영역에서의 경미한 제재로 한정하는 방식으로 이루어져야 한다.

입법권 및 처벌 규정 허용 문제는 헌법 제40조_{국가의 입법권 국회 귀속} 및 제117조제1항_{지방자치단체의 자치입법권 범위}에 직접 연결되며, 조례의 벌칙 허용은 헌법 개정 또는 헌법 해석의 확장 없이는 엄격한 한계가 존재한다. 그러나 제주특별자치도의 특수한 지위와 보충성 원칙, 그리고 「제주특별법」이 갖는 준헌법적 기능을 고려할 때, 조례가 법률적 성격을 일정 부분 대체하는 범위를 제도적으로 확장하는 논의는 충분한 타당성이 있다. 또한 포괄적 권한 이양의 성공을 위해서는 자치재정권 확보가 병행되어야 한다. 사무 이양만 이루어지고 필요한 재원이 따라오지 않는다면, 이양된 사무는 지방에 부담만 주는 구조가 되고 만다. 따라서 사무별 비용을 명확히 산정하고, 중앙정부 보조사업 가운데 지방 이양이 가능한 항목을 지방의 고유 재정으로 전환할 필요가 있다. 특히 지역발전특별회계 제주계정에 이양된 사무의 관련 재원을 세출 항목으로 명시하는 특례 마련은 재정 지속가능성을 확보하기 위한 필수적 장치다.

이러한 논의는 새로운 것이 아니라, '제주특별자치도 기본구상안'₂₀₀₅에 이미 그 기초가 제시되어 있었다. 당시 구상안은 조례에 의한 권리 제한·의무 부과·벌칙 부과를 허용하고, 제주특별자치도에 특정 조세_{지방소비세·지방소득세·관광세 등}의 과세권을 부여하는 방안을 제시했다. 이는 제주가 오래전부터 실질적 자치입법과 자치재정 확립을 목표로 해 왔음을 보여주는 중요한 근거이며, 환경보전기여금_{분담금}과 같은 제도적 요구가 충분히 조기에 실현될 수 있었음을 시사한다.

결론적으로 포괄적 권한 이양은 제주특별자치도의 실질적 완성을 위한 제도적 필수 요소이다. 헌법의 테두리에서 법률우위원칙을 지키며, 연방 수준의 고도의 자치권을 확보하는 수단이 된다. 또한 중앙집권적 구조에 기반한 개별 특례 방식이 갖는 근본적 한계를 극복할 수 있는 현실적 대안이다. 이는 단순한 특별법 개정이 아니라, 지방자치 패러다임의 전환이며 보충성 원칙의 실질적 구현이다.

제주특별자치도는 지난 20년 동안 7단계의 제도 개선을 거치면서 축적된 행정 역량과 법제 운영 경험을 바탕으로 포괄적 권한 이양을 감당할 충분한 준비가 되어 있다. 민선 8기 오영훈 도정에서도 그동안 포괄이양 방식의 「제주특별법」 개정안 용역을 거치면서 조례안 마련을 위한 워킹그룹도 운영하며, 각종 토론회와 워크숍도 추진해 오고 있다.

다행히 이재명 국민주권정부의 지방시대위원회의 정책 기조와도 부합하고, 국무조정실에서도 포괄적 권한 이양과 관련하여 관계 부처 간 협의체를 구성할 움직임을 보이며 긍정적인 검토를 하는 등, 제도 도입 가능성 역시 점차 가시화되고 있다.

「제주특별법」의 포괄적 권한 이양은 중앙의 통제 구조를 벗어나 지역이 스스로 법과 제도를 설계하는 자치의 본령을 회복하는 과정이며, 제주가 친환경 동북아 중심도시이자 고도의 자치권을 지닌 특별자치도로 도약하기 위한 역사적 전환점이 될 것이다. 제주도민의 삶과 지역의 미래가 자율적 규범 설계 위에 구축될 수 있도록, 포괄적 권한 이양 논의가 실질적 제도 개선으로 이어지기를 기대한다.

관광자치의 역설,
제주를 고립시키는 '특례'?

뉴스N제주, 2025.11.19

2006년 7월 1일, 제주도가 특별자치도로 출범할 당시 자치권 확대는 지역 발전의 지름길처럼 여겨졌다. 「관광진흥법」·「관광진흥개발기금법」·「국제회의산업 육성에 관한 법률」 등 '관광 3법'이 제주에 혁신적으로 권한 이양되었다. 그 덕에 중앙부처의 규제를 벗어나 제주만의 관광정책을 펼 수 있게 된 것이다.

대신에 문화체육관광부가 시행하는 주요 공모사업 대부분에서 제외되는 차별을 감수해야 했다. 20년이 흐른 지금, 그 자치를 통한 권한과 자존이 어떤지, 제주 관광에 어떤 실익을 가져왔는지에 대한 근본적인 질문을 던져 본다. 즉 '관광 3법'의 특례 적용으로 제주는 인허가와 행정 절차가 간소화되는 이점을 얻었지만, 동시에 문화체육관광부와 한국관광공사가 주도하는 대부분의 국비 공모사업에서 제외된 것이다. 웰니스 관광지, 무장애 관광도시, K-컨벤션 육성, 열린 관광지 조성, 문화관광축제 등 전국 지자체들이 앞다퉈 참여하는 전국 공모사업에 제주는 '해당 없음'으로 분류되고 있다.

문체부 공모사업에 선정될 경우, 한 해 수억 원에서 수십 억 원의 지원을 받을 수 있다. 예를 들어 웰니스 관광지에 선정되면 연간 1억 원의 지원과 컨설팅, 국내외 홍보, 상품화 지원이 따라붙는다. 무장애 관광도시로 지정되면 3년에 걸쳐 40억 원, K-컨벤션 사업은 2건 기준 2억 원의 예산을 받는다. 이처럼 제주가 공모 제외로 잃는 금액은 연간 약 100억 원에 이른다.

반면, 관광 분야에서 제주가 받는 특별교부세는 연평균 30억 원 수준에 불과하다. 최근 4년간 자료를 보면 2021년 17억 원, 2022년 9억 원, 2023년 7억 원, 2024년 28억 원을 각각 확보했다. 더구나 특별교부세는 관광에만 국한된 예산이 아니며, 해당 연도의 지역 현안 중심으로 배분되는 탓에 관광 전용 예산으로 쓰기에는 한계가 있다.

이 같은 구조적 배제는 제주 관광의 발전뿐 아니라 혁신 파이프라인 자체를 단절시키는 결과를 초래했다. 제주는 중앙의 관광 트랜드 및 기술 개발 흐름에서 배제된 채 독자적 방식으로 모든 계획과 집행을 수행해야 한다. 민간 투자 유치와 연계되는 사업 기회마저 줄어들며 제주만의 관광정책은 고립되었다. 그 고립은 온실 속에서 우리만의 위로와 만족으로 그치게 되는 결과를 초래했다. 육지와 세계적 관광지와의 치열한 경쟁이 시급한 지금, 우리만의 리그를 벌이고 있지는 않은지 이번 기회에 돌이켜 봐야 할 것이다.

기후위기시대의 정신에 맞게 불 없는 축제로 새롭게 거듭나려는 제주들불축제는 그 단적인 사례다. 이 축제는 문체부의 문화관광축제로 여러 번 선정됐음에도 불구하고 국비 지원은 전혀 받지 못했다. 타 지역 축제들은 수억 원의 지원을 받고 있는데 들불축제는 전액 지방비로 개최됐다. 공식적으로는 인정받지만, 실질적 지원은 없는 '이름뿐인 자치'의 현실이다.

더 큰 문제는 문체부가 수립하는 권역별 관광개발계획에서도 제주가 제외되었다는 점이다. 제주는 '국제자유도시 종합계획'이라는 별도의 체계 아래 자체계획을 수립해야 하며, 이는 중앙정부의 정책 방향과 연계되지 못하는 단절로 이어진다. 자치가 아니라 배제요, 고립이다.

현행 구조를 유지할 경우, 제주가 연간 받을 수 없는 국비지원만 20억 원 이상, 3~5년 단위사업까지 포함하면 100억 원 가까운 손실이 발생한다. 특별자치도로 얻은 규제 유연성과 특별교부세 지원으로 이 손실을 상쇄하기엔 부족하다. 재정 중립 원칙에 비춰 봐도 부당한 처사이다.

제주의 관광자치를 실질화하기 위해서는 몇 가지 제도적 개편이 요구된다. 우선 차기 도정으로 넘어가게 된 제주형 기초자치단체 설치를 통해서 공모 자격을 회복하거나, 관광 관련 국비 매칭 계정을 신설해 중앙정부와의 협력을 제도화해야 한다. 문화체육관광부 및 기획재정부와의 협의가 시급한 이유다.

앞으로 「제주특별법」의 개별적·단계적 권한 이양 방식에서 실질적 분권 방안인 포괄적 권한 이양 방식으로 이뤄지게 된다면, 국가의 재정 지원이 필요한 사항과 전국 공모사업의 경우에는 이양 대상에서 제외하여 동등하게 전국 공모가 가능하고 그 혜택도 동등하게 주어지도록 해야 한다. 고도의 자치권 확보는 제주가 나아가야 할 지향점이다. 다만 자치권을 명분으로 내세운 결과가 제주에 오히려 불이익과 고립을 초래했다면 이는 정책 설계의 실패를 의미한다.

제주는 단지 '특별한' 섬이 아니라, 대한민국 관광의 미래를 이끄는 중심이 되어야 한다. 이를 위해선 자치와 고립의 경계를 분명히 하고, 자치가 기회의 박탈이나 후보군에서의 배제가 되어서는 더욱 안 된다. 국민주권 정부의 지방분권 실현의 전환점을 맞이하면서, 전국적으로 연결된 자립을 위한 제도 개편에 나서야 한다.

'관광 3법' 개별 권한 이양 20년! 이제는 자치의 성과를 냉정히 점검하고, 포괄적 권한 이양을 통한 촘촘한 관광자치를 설계해야 할 시점이다.

마이크 앞에서도
할 말은 한다

민주당
송창권

제주섬에 사육돼지가 54만 마리?
양적 통제 시급하다!

제주의 소리, 2019.12.17

축산분뇨, 악취 해결은 원인제공자의 몫

축산분뇨, 악취……. 제주의 양돈산업은 4000억 원대의 효자산업인 동시에 공해산업으로 분류된다. 그래서 관광이 중요 산업인 청정 제주와 양립 가능한가에 대한 질문이 늘 따라붙는다.

이러한 불편한 진실을 민의의 전당에서 도정질문을 통해, 예산심사 과정에서 '겁 없이' 외친 이가 있다. 초선인 송창권 의원이호·외도·도두동, 더불어민주당이 그 주인공이다.

최근 송 의원은 2020년도 예산안 심사에서 "양돈농가 279곳을 위해 매년 350억 원이 넘는 도민혈세를 지원하는 게 상식적이냐"고 문제를 제기해 여론의 주목을 받았다. 업계의 반발이 뻔한데도 '고양이 목에 방울을 다는' 위험을 자초했다는 평가가 주를 이뤘다.

그는 양돈산업을 '제주형 굴뚝산업'에 비유했다. 연기 대신 축산분뇨와 악취를 발생시키는 공해산업이라는 뜻이다.

송창권 의원은 제주 양돈산업의 가장 큰 문제로 섬 환경에 맞지 않는 과도한 사육두수를 꼽았다. 그는 "한 평에 3마리 이상 밀식 사육하는 환경에서는 축산분뇨, 악취 문제를 절대로 해결할 수 없다"고 단언했다. 그래서 그가 내놓은 해법은 '양적 통제'다. 현재 53만 4,000마리에 달하는 사육두수부터 줄여야 한다는 것이다.

축산분뇨 처리, 악취 문제에 대해서는 원인제공자들에게 책임을 물어야 한다고 했다. 행정의 지원은 업계 스스로의 자구·자정노력이 있고 난 후의 일이라고 했다.

송 의원은 "관련 학계와 환경단체, 유관부서가 협업체제를 구축해서 청정 제주와 양립 가능한 양돈산업 규모를 산출하는 것이 시급하다"면서 "아울러 친환경 산업으로의 체질 개선을 위해 예산 지원도 '선택과 집중'을 할 필요가 있다"고 제언했다.

Q. 새해예산안 계수조정이 난항을 겪고 있다. 예결위원으로서 어떤 기준을 가지고 예산심사, 특히 계수조정에 임했나.

2020년 예산이 5조 8000억 원인데 전부 도민을 위한 것이다. 도민들께서 저희 의회에 대신해서 검토하라는 것이기에 도민의 뜻에 따라야 한다. 우선 재원을 효율적으로 배분하는 문제가 있고, 돈을 어떻게 건전하게 운영할 것인가 하는 부분이 있다. 특히 세출예산을 통해 소득 재분배의 기능도 해야 한다. 제주 경제가 어려워질 것으로 예상하는 만큼 지역 경제 활성화에 도움이 되도록 나름의 기준을 가지고 심사에 임했다.

Q. 지난 6일 농축산식품국 소관 예산심사에서 양돈산업에 대한 행정의 묻지

마식 지원에 제동을 걸었다. 양돈 관련 예산이 얼마나 되기에 그런 문제를 제기한 것인가.

제가 확보한 자료에 따르면 내년에만 352억 원 가량이 편성됐다. 내년만 하는 사업이면 수용할 수도 있지만, 2016년부터 5년 동안 투입된 예산이 1662억 원이나 된다. 이런 큰 금액을 편성할 때는 도민들이 납득할 수 있어야 한다. 과연 이 문제에 대해 도민들이 받아들일 수 있을까하는 생각에 문제를 제기했다.

Q. 사실 이 문제는 관광으로 먹고 사는 제주로서는 어떻게든 해결하고 넘어가야 할 문제다. 누군가 '고양이 목에 방울을 달아야' 하는 위험을 자초했다는 평가를 하듯이 양돈업계에서는 반발이 크다. 전반적인 도민사회의 평가는 어떻다고 보나.

양돈업자들이 고양이는 아니라고 본다. 한편으로는 미안한 생각도 있다. 다 아는 사정을 이야기하는 것에 대해 욕먹는 것에 대한 두려움은 별로 없었다. 양돈업자 중에서는 열심히 하는 분들도 있다. 제주 경제의 한 축을 담당한 공도 있다. 하지만 도민들께서는 이 문제를 그대로 두면 안 된다는 생각을 많이 한다. 욕도 먹지만 격려도 많이 받았다. 이번 문제 제기가 제주의 양돈산업이 청정 제주와 양립 가능하고, 지속가능한 산업인가 하는 것에 대한 공론화가 이뤄지는 계기가 되길 바란다.

Q. 도내 양돈농가라고 해봐야 300곳이 채 안 된다. 단순 계산을 하면 농가당 1억 원 넘게 지원되는 셈이다. 논란이 있을 수는 있다고 본다.

정확히는 278농가이고, 관련 예산은 352억 원이다. 물론 이 예산이 농가에 직접 지원되는 건 아니고 직·간접적으로 쓰일 것이다. 올해처럼 돼지 열병 방역비는 포함되지 않았고, 용역비도 빠졌기에 실제 관련 예산은 더 많을 것이다. 그렇기에 '밑 빠진 독에 물 붓기' 형태가 되어서는 안 된다는 우려가 있다. 지원만이 능사가 아니라는 생각도 있다.

Q. 수년째 매년 수백억 원의 예산이 지원됐음에도 축산분뇨나 악취 문제는 전혀 해결되지 않고 있다. 도민의 혈세가 허투루 쓰였다는 평가가 나올 수 있다.

동의한다. 저 역시 허투루 쓰였다고 본다. 아무리 기술 발전으로 냄새를 저감하고 분뇨 처리를 잘할 수 있다고 해도 근본적으로 문제를 해결할 수는 없다. 우리가 감당할 수 있는 수준 이상으로 돼지를 키우고 있다는 점이 문제다. 한 평당 돼지 3마리 이상을 키워도 문제가 없다고 하는데, 그것은 말이 안 된다. 현재 도내 돼지 사육두수가 53만 4,000마리인데 양돈업계에서는 아직도 더 키울 수 있다고 주장한다. 그렇지 않다. 사육두수 총량부터 줄여야 한다. 생산이 많으면 많을수록 공해는 더 많이 발생한다. 아무리 돈을 들여도 냄새를 없애기에는 한계가 있고, 지하수 오염을 막을 수 없다. 근본적으로 문제를 해결하려면 생산을 줄여야 한다.

Q. 제주도는 양돈산업 수익이 4000억 원 정도 되는 효자산업이라고 한다. 연관산업까지 감안하면 파급효과가 더 크다면서 관련 예산이 필요하다고 항변한다. 동의하나.

일리 있는 주장으로 볼 수 있다. 제주도에는 '연기 나는 굴뚝산업'이 없다. 그렇지만 공장식 대량생산 방식의 양돈산업이 또 다른 '제주형 굴뚝산업'이다. 제주도가 발표한 2018년도 양돈산업 수익이 3850억 원이라

고 한다. 농가당 연평균 매출액이 13억 원이 넘는다는 얘기다. 연관산업
도 2000억 원이라고 하는데 부풀려졌다고 본다. 양돈산업에 대한 공·과
를 따지려면 더 세밀하게 분석해야 한다. 막대한 공적자금을 투입하면서
이 정도의 수익을 올리는 것이 대단한 것인지 잘 모르겠다. 돈을 많이 투
자했음에도 축산분뇨나 악취 문제는 나아지지 않고, 관련 민원 건수는
오히려 점점 늘고 있다.

Q. 그렇다면 단도직입적으로 묻겠다. 양돈산업, 청정 제주와 양립 가능하다
고 보는가?

가능할 수도 있고, 가능하지 못할 수도 있다. 그것은 양돈산업을 어떤 규
모, 어떤 방법으로 이끄느냐에 따라 달라질 것이다. 그러나 지금처럼 양
돈산업을 해서는 안 된다고 본다. 친환경적으로 대응하면 지속가능할 것
이고, 고품질 돼지고기 생산도 가능할 것이다. 이를 위해서는 최우선적
으로 양적 통제가 이뤄져야 한다. 또 공해를 유발하는 '원인유발자'에 문
제해결의 책임을 지워야 한다. 책임을 다하는 농가에는 그에 걸맞은 예
산을 지원할 수도 있다고 본다. 제주도에서 양돈산업을 아예 없애는 건
불가능한 주장이다.

Q. 예산 지원도 '선택과 집중'을 통해 친환경 양돈산업으로 재정비해야 한다
는 얘기인가.

그렇다. 도민들이 동의하지 못하는 부분이 있다. 공해를 유발시키는 양
돈농가에 더 지원한다? 그로 인해 양돈업계는 돈을 계속 벌어간다? 이
렇게 질문할 수 있다. 토질, 지하수, 악취 발생으로 도민 삶의 질이 떨어

지고 관광객들의 불만이 늘어나는데 왜 그 문제를 도민들이 부담해야 하나. 예산을 지원했음에도 축산분뇨를 무단 투기하거나, 악취 저감을 위해 노력하지 않는 양돈장에 대해서는 삼진아웃이 아니라 원스트라이크아웃을 적용해 과감히 퇴출시켜야 한다고 본다.

Q. '원인제공자 부담원칙'을 얘기했는데, 양돈업계에 하고 싶은 말이 많을 것 같다.

한편으로는 미안하기도 하다. 도매급으로 넘어가는 발언이 될 수 있어서 조심스럽기도 하다. 그렇지만 나는 그들이 자정 능력을 더 키우고, 스스로 자조금을 만들면서 함께해 나가야 한다고 본다. 그런 활동이 양돈산업을 친환경적으로 지속가능하게 이끌 수 있다고 본다. 그래도 힘이 부족할 때는 지원하는 것이다. 기본적으로 가축분뇨 처리나 악취 저감은 업계 스스로 자조금을 조성해서 해결해 나가려는 노력이 선행돼야 한다. 행정의 지원은 이러한 자정 노력이 선행됐을 때 고려할 사항이라고 생각한다.

Q. 자정 노력이 먼저 있고 나서 행정의 지원이 뒤따라야 한다는 것인가?

그것이 상식적이고 합리적이라고 본다.

Q. 도민혈세가 지원되는 문제인 만큼 예산을 편성하고 집행하는 제주도의 역할이 막중하다. 지속가능한 제주의 양돈산업을 위해 제주도에 당부하고 싶은 말이 있다면?

현재의 사육두수 53만 4,000마리는 너무 많다. 공장식 밀식·대량 생산 방식에서는 축산분뇨, 악취문제를 절대 해결할 수 없다. 그래서 집행부에 요구한다. 축산부서만으로 해법을 찾을 수 없다. 환경부서의 주장도 현실적이지는 않다. 관련 학계와 환경단체, 유관부서가 빨리 협업체제를 구축해서 현재의 제주 양돈산업이 어느 정도인지를 주도면밀하게 분석해야 한다. 그래서 지원이 필요하다면 대폭 지원할 필요도 있다. 축산폐수로 인한 지하수 오염이 제주도 전체로 퍼지는 것은 상상만 해도 끔찍하다.

미래 제주는
개발보다 환경이 우선
_ '민의 파수꾼' 송창권 의원

월간 <제주와 인물>, 2021년 7월호

Q. 작년 말, 광복회가 주관한 '2020년 역사정의실천 정치인상'에 수상자로 선정돼 수상했다. 어떤 공로를 인정받아 수상하게 된 것인가.

해방된 지 75년이 넘어가고 있지만, 아직도 우리 주변에는 일본제국주의 식민 잔재가 있습니다. 단지 유형적인 것만이 아니라, 우리 의식 속에 군국주의 군사문화와 종속적 패배주의 등이 부지불식간에 드러나고 있습니다.

우리 제주도의회에서 2019년에는 '제주특별자치도교육청 일제강점기 식민잔재 청산에 관한 조례'를, 또한 2020년에는 '제주특별자치도 일제강점기 식민잔재 청산 활동 지원 조례'를 전국 최초로 제정했습니다. 이 조례를 제가 대표발의했는데, 그 부분을 공로로 인정해 주신 것 같습니다. 청산이라고 하여 단지 모두 없애버리는 것만이 아니라, 오히려 어두운 역사를 통해서도 배워야 할 것이 있기에, 찾고 확인하여 비우고 거기에 새로운 민주의식과 애국의 주체성을 채워 나가려는 것입니다.

Q. 최근 발의한 제주도 '산림복지 서비스 지원 조례'(안) 등 본인이 발의한 조례를 간략히 설명을 하자면.

「산림복지 진흥에 관한 법률」이 있습니다. 이 법률에 근거하여 산림문화·휴양·산림교육 및 치유 등의 산림복지 서비스를 지원하기 위해서 제정을 하게 되었습니다. 산림의 효능과 가치는 엄청납니다. 산림을 잘 보전하되, 도민의 건강 증진과 삶의 질 향상 및 행복 추구를 위해 누리기도 해야 합니다. 그런데 시대에 따라, 대상에 따라 소외됨 없이 고르게 향유할 수 있어야 합니다. 후대를 위해서도, 산림복지 소외자들에게도 적정하고 고르게 누릴 수 있어야 하겠습니다. 지속가능해야 한다는 뜻에서 체계적인 관리와 지원 근거를 마련했습니다.

Q. 환경도시위원회에서 활동하고 있다. 환경과 관련하여 제주가 어떤 방향으로 나아가야 한다고 생각하는지.

환경의 가치가 장차 제주의 가치와 비례할 것이라 봅니다. 과거 개발시대에는 환경과 개발의 논리에서 개발에 치우쳐 왔습니다. 지금은, 이론은 있지만 환경과 개발을 양립하도록 하기 위해 노력하고 있습니다. 그러나 미래는 환경이 가장 중요하게 될 것이라 봅니다. 즉 앞으로 제주에서는 보존용지 등 환경적으로 보호해야 할 지역을 제외한 후, 개발가용지역을 예외적으로 찾아 나가면서 그곳에 한정하여 개발이 이루어져야 한다고 보는 것입니다. 수년 동안 택지개발지역을 만들어 내지 못함으로써 오히려 자연녹지지역에도 건폐율 20% 내의 빌라단지가 우후죽순식으로 만들어지고 있습니다. 이것이 더 큰 난개발로 이어질 것입니다 그리고 근본적으로 제주시내와 같은 도시의 계획을 어떻게 하느냐의 문제와 제주도 전체의 계획을 어떻게, 어떤 방향으로 나아가야 하느냐는 조금 다른 주제라서 접근법도 달라야 한다고 봅니다.

Q. 제주도 도시계획의 문제점을 진단하고 송의원이 생각하는 개선 방향을 피력해 달라.

애초에 우리 제주에는 도시계획이 없었습니다. 자연발생적 도시를 현대에 와서야 도시계획을 수립하고 추진하고 있기에, 사후 약방문격입니다. 그러다 보니 기존 원도심 등 기존 마을의 기성 시가지에 도시계획을 접목시키는 것이 조화롭지도 못하고 반발도 있고, 비용도 많이 듭니다. 또한 2010년 이후에는 인구 급증과 제주시에 집중되는 불균형 발전과 난개발이 이루어졌다는 비판을 받고 있습니다. 따라서 도시 확산을 방지하고 도시 효율화를 유지하며 살기 좋은 도시가 되기 위해서는 공간 압축적 개발콤팩트 시티도 고려해야 하겠습니다. 동시에 농어촌지역이 소외감을 느끼지 않도록 공공개발이익의 도민환원 등을 통한 균형적 발전 사고가 필요합니다. 도시와 비도시의 구분이 딱히 쉬운 것은 아니지만, 지역 특성에 맞는 계획을 세워가야 하며, 다극적인 도시 체계가 필요하다고 봅니다. 특히 환경기초시설이 지극히 부족한 상태에서 더 이상의 도시 확장은 모두에게 피해로 돌아가며 삶의 질이 떨어질 것이라 봅니다.

Q. 외도동과 도두동, 이호동 지역을 지역구로 두고 있다. 지역구 의원으로서 이 지역에 대한 청사진을 제시해 달라.

외도동은 현재 2만 2,000명을 넘어선 인구 급증지역입니다. 거기에 걸맞은 도시 인프라가 구비되어야 합니다. 상업도시처럼 화려하고 떠들썩한 것보다는 농어촌의 1차 산업과 교육문화예술이 어우러지는 전원도시로 유지되면 좋겠다고 생각합니다. 외도동은 충분히 그런 자원이 많습니다. 우선 사시사철 맑은 용천수가 흐르는 월대천이 있고, 일주도로변으로는 해변을 끼고 있습니다.

그리고 20년 넘은 묵은 숙제인 외도중학교 신설문제도 신속히 진행되어야 합니다.

이호동은 4,500명 정도의 작은 동입니다. 어촌이 발달되어 있기에 이호테우해변과 이호유원지 그리고 국가어항의 확장 등 어촌마을의 활성화가 필요하며, 오도마을 인구 급증에 따른 인프라도 갖춰져야 합니다.

도두동은 제주시 동 중에서 가장 작은 동 중의 하나인데 지리적으로 떨어져 있어 소속감이 약합니다. 심지어 도두동에는 공항 소음과 위생처리장, 하수처리시설의 악취와 해양오염 등 혐오시설이 몰려 있습니다. 도정의 입장에서도 불환빈 환불균의 정신이 적용되어서 도두동에 대한 배려가 필요하겠습니다. 강소동으로 세워져야 하겠습니다.

Q. 지난 3년간 의정활동을 하면서 가장 보람 있거나 아쉬웠던 의정활동을 간략히 소개한다면?

가장 보람 있는 활동으로는 공항소음 피해지역을 대책지역과 인근지역으로 구분한 것입니다. 우선 대책지역용담동, 도두동, 이호동, 외도동, 애월읍 일부 등의 주민들이 공항을 이용할 때 공항료에 부가하는 공항이용료를 면제하는 조례를 개정한 것입니다. 원래는 원인제공자인 공항공사에서 부담해야 하는데, 아무리 건의를 해도 들어주지 않으니, 전국적으로 감면하는 규정이 생기기 전까지 제주도에서 지원해 주기로 한 것입니다. 여러 전

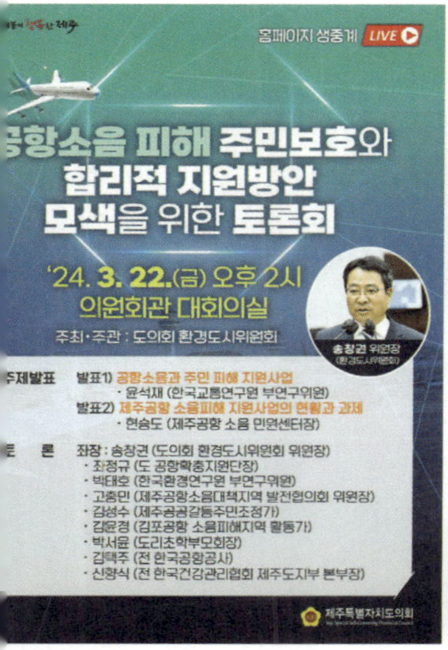
홈페이지 생중계 LIVE
공항소음 피해 주민보호와
합리적 지원방안
모색을 위한 토론회
'24. 3. 22.(금) 오후 2시
의원회관 대회의실
주최·주관 : 도의회 환경도시위원회
송창권 위원장
(환경도시위원회)
제발표 발표1) 공항소음과 주민 피해 지원사업
· 윤석재 (한국교통연구원 부연구위원)
발표2) 제주공항 소음피해 지원사업의 현황과 과제
· 현승도 (제주공항 소음 민원센터장)
론 좌장 : 송창권 (도의회 환경도시위원회 위원장)
· 좌정규 (도 공항확충지원단장)
· 박태호 (한국환경연구원 부연구위원)
· 고충민 (제주공항소음대책지역 발전협의회 위원장)
· 김성수 (제주공공갈등주민조정가)
· 김윤경 (김포공항 소음피해지역 활동가)
· 박서윤 (도리초학부모회장)
· 김택주 (전 한국공항공사)
· 신향식 (전 한국건강관리협회 제주도지부 본부장)
제주특별자치도의회

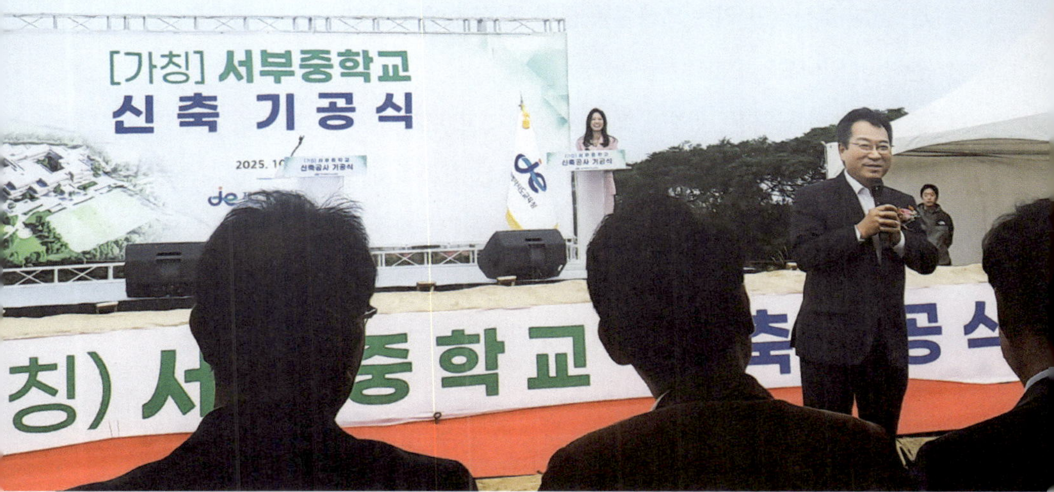

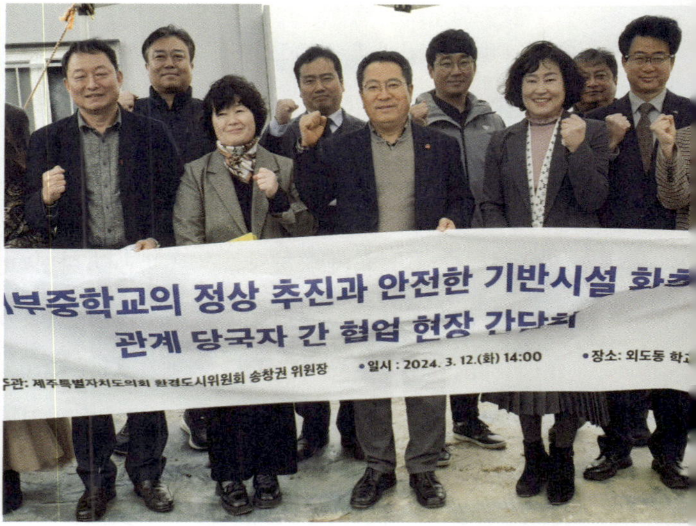
서부중학교의 정상 추진과 안전한 기반시설
관계 당국자 간 협업 현장
주관: 제주특별자치도의회 환경도시위원회 송창권 위원장
• 일시 : 2024. 3. 12.(화) 14:00
• 장소: 외도동

[가칭] 서부중학교
신축 기공식
중학교

산 작업과 면제 업무 처리 과정을 수립하고 나서 내년부터는 시행이 될 것으로 기대하고 있습니다. 하나 더 보태고 싶은 것은 가칭 서부중학교 외도중학교의 설립이 확정되고 행정적 절차를 밟고 있는 것도 매우 기쁘고 보람됩니다.

아쉬운 점으로는 아름다운 해안선을 파괴하고 해양 생태계와 해양 환경을 혼란케 하면서 강행된 이호 앞바당 매립지의 이호유원지 개발이 더딘 것이 아쉽습니다. 어차피 해양환경을 훼손한 바이니, 친환경적으로 조성되도록 행정 지원도 했었는데, 투자가 제때 이뤄지지 않아 또 다른 주민 갈등을 일으키고 있습니다. 사업자에게 화도 나고 안타깝기도 합니다. 사유지라서 행정 개입과 대안 모색에 한계가 있기는 하지만, 행정적 압박도 필요하다고 보고 있습니다.

Q. 현재 추진하고 있는 의정활동 중에 좀 더 집중하고 있는 것이 있으면 어떤 것이 있나요?

코로나19의 극복은 방역과 백신 접종이라고 보고 있습니다. 특히 제주와 같은 관광지이면서 섬인 경우는 백신 우선 접종이 매우 중요하고 시급한 일입니다. 그래서 지난 9일 임시회 본회의에서 제주도민 우선 접종을 중앙정부에 건의하는 건의문을 대표 발의하여 의결 채택하기도 했습니다. 그러나 결국 질병관리청에서 채택이 되지 않아 아쉬움이 큽니다.

또 하나는 악취 방지 관련입니다. 주로 양돈 악취에 관한 것이기는 하지만, 지금 '제주특별자치도 악취관리센터 운영 및 관리 조례'(안)을 대표 발의하여 입법예고 중에 있습니다. 가축분뇨에 관한 것에 한정하지 않고, 제주도 내에서 발생하는 생활 악취, 가축분뇨 악취 등 전반적인 악취

및 악취 배출시설로 인한 제주도민의 건강 피해와 삶의 질 저하를 예방·
관리하기 위한 것입니다.

Q. 송 의원의 삶에 지표로 삼는 격언이나 책 구절이 있다면 소개해 달라.
『논어』에도 나오고, 『목민심서』에도 나오는 '불환빈 환불균'이란 말이 있
습니다. 사람들은 가난한 것에 분노하기보다는 불공정한 것에 근심하고
화를 낸다는 뜻으로 해석할 수 있습니다. 정치인으로서 마음에 새기며
공정하게 일 처리를 하려고 합니다.

Q. 독실한 크리스천으로 알고 있다. 인생의 좌우명과 최근 감명 깊게 읽었던
책이 있다면 소개해 달라.
"하나님 사랑을 이웃사랑으로 실천하자"는 것입니다. 명색이 시인이기도
한데, 의정활동을 하면서는 책을 제대로 읽지 못하고 있습니다. 그런데 며
칠 전, 김두관 국회의원이 펴낸 『꽃길은 없었다』를 읽고 현장정치와 지방
자치분권, 그리고 지역균형발전의 시대정신을 되새기고 있습니다.

전문성에 기반한 견제와
정책 방향 제시
-송창권 제12대 제주특별자치도의회 전반기 환경도시위원회 위원장

국제뉴스·뉴스라인제주·일간제주·제주저널·
채널제주 공동 인터뷰, 2022.08.25

Q. 이번 제주도의회 환경도시위원회에서 활동하기 위해 참여했는데 특별한 계기가 있나?

지난 11대 의회 후반기 2년을 환도위에서 활동했었습니다. 부족한 점도 있었고, 마저 다하지 못한 것도 있었습니다. 특히 도두하수처리시설현대화사업과 지하수 보전정책, 그리고 오염원을 줄이기 위한 활동을 마무리해야겠다는 생각을 했습니다. 환경보전도 있어야 하지만, 더 이상 무분별한 난개발이나 환경수용성을 넘는 도시개발과 환경침해적인 도시문제의 확산을 방지하기 위해 속도 조절을 해야 한다는 문제의식이 있었습니다. 그러다 보니 환도위에서 한 번 더 의정활동을 하고 싶은 의욕이 있었습니다.

Q. 제주도의회 환경도시위원회의 소관부서의 내용에 대해 도민들께 설명해 주신다면?

이름 그대로 환경문제와 도시문제를 동시에 다루는 위원회입니다. 그런데 환경이 앞에 있다 보니, 마치 환경위원회 또는 도시를 환경적으로 바라보고 문제해결을 해야 하는 것으로만 보는 경향과 그렇게 해야 한다고 의도적으로 몰아가는 경향도 있습니다.

환경 기준만을 중심으로 바라보다 보니, 환경도시위원회는 '잘 해야 본전'이라고 합니다. 현실적으로 도시문제를 환경적으로만 볼 수 없는 경우가 많습니다. 그런 경우에는 환경을 생각할 때 매우 실망스러운 결정을 할 수밖에 없는 진퇴양난에 빠지게 됩니다. 그래서 의원님들이 선호하는 상임위이면서도 주저하는 이유입니다.

환경만 보면 잘 지켜야 할 것 같고, 도시의 여러 문제만 보면 뭔가 계획을 세워서 개발을 해야 할 것 같은 생각이 듭니다. 가치의 상충, 이해관계의 충돌처럼 보이죠. 그러나 두 개념을 대립적 가치, 가부의 선택의 고민과 갈등과 혼란이 아니라, 보완의 가치로 볼 수 있다면 환경도시를 오히려 '한' 상임위에서 '한' 위원이 비교형량을 하면서 제대로 저울질하고 어느 한쪽으로 기울어지지 않을 수도 있습니다. 오직 도민과 제주환경의 행복을 위해서 균형감각을 가지고 일해야 할 책임이 큽니다. 현재의 이익만이 아니라 미래 가치와 함께 말입니다.

Q. 이번에 제주특별자치도의회 환경도시위원회 위원장이 되면서 2년간 상임위를 이끌게 되셨다. 특히, 제주에서는 환경보존과 개발사업이라는 양립된 개념을 대하는 양측의 갈등이 첨예하게 대립하고 있다. 이에 따라 해당 상임위원장으로서 갈등 관리에 대한 역할이 그 어느 때보다 중요하다. 어떠한 자세로 임할 것인지?

맞습니다. 그 어떤 상임위원회보다 환도위는 갈등 조정이 매우 중요하고 균형적 사고가 필요한 위원회입니다.

현재 제주사회의 주요 갈등 현안을 보더라도, 대부분 개발과 환경의 충돌 또는 환경시설 또는 도로확장과 환경 가치의 충돌과 대립이 문제입니다. 이러한 갈등과 대립에 있어서는 가치 충돌도 있지만, 일방적인 행정 문화도 원인이라고 봅니다. 정책과 사업 결정에 있어서 그 영향을 받는 관련 당사자들을 배제한 채 국책사업이다, 공공개발이다, 공익적 필수시설이다는 논리로 일방적으로 정책을 결정한 원인이 크다고 보는 것입니다. 소위 절차적 정의나 절차적 정당성이 매우 떨어진 행정행위가 공공 갈등의 주요 원인이 됩니다. 따라서 공공사업이나 대규모 사업이 이뤄질 경우에는 공론화 과정을 반드시 거쳐야 하고, 당사자들이 반드시 참여하도록 해야 하며, 중립적이고 신뢰성 있는 기관 등에서 갈등을 조정하고 주민의 자기결정권 등을 제대로 보장해 나가야 할 것입니다. 이러한 정신으로 위원장으로서의 역할을 해 나갈 생각입니다.

Q. 제주도의회에서 다뤄야 할 대표적 현안, 즉 제2공항과 최근 오영훈 도정이 들어서면서 감사원에 공익감사를 청구한 오등봉 도시공원 민간특례 사업, 그리고 월정리 하수처리장 문제와 성산 해양도시 구축에 따른 환경파괴 논란 등 환도위에서 중점적으로 다뤄야 할 사항이 상당히 많다. 이러한 현안을 처리함에 있어 해당 상임위 위원장으로서의 생각을 현안별로 구분해 상세히 설명해 주신다면?

제2공항은 추진주체가 중앙정부인 국책사업입니다. 갈등이 생기는 경우 국가는 사업을 완료해 떠나면 그만이지만, 갈등은 지역사회에 오랜 시간 남는다는 것을 우리는 경험적으로 알고 있습니다.

환경도시위원장으로 제2공항에 대한 추진 여부를 말하는 찬·반에 편승하기보다는 지역사회 갈등 해소를 위한 역할을 중점적으로 수행해야 한다고 생각합니다. 갈등 해소를 위해서 중립을 지킬 생각입니다. 그것이 공항업무를 관장하는 환경도시위원회 위원장의 역할이라 생각합니다.

오등봉 도시공원 민간특례사업의 경우에, 이번 공익감사청구 내용을 살펴보면, 2016년 민간특례 불수용 이후 재추진, 민간특례사업 추진 미공개 검토 지시, 민간특례사업 지침 변경 사유, 민간특례사업 수익률, 제안심사위원회 구성 및 평가, 사업자 선정 및 협약체결 등에 대한 적정성을 살펴보고자 하는 사항으로 오영훈 지사가 선거기간부터 의혹 해소의 필요성을 강조했던 부분입니다. 많은 의혹이 있는 사업이 의혹 해소 없이 사업을 추진한다면, 도민사회의 불신은 더욱 가중될 것으로 보이며, 사업 완료 후에도 언젠가 곪아 터질 수 있는 문제로 남을 것입니다. 이번 오등봉공원 민간특례 공익감사의 경우는 이러한 우려를 불식시키고, 혹여 문제가 있다면, 책임지고 투명하게 사업을 추진코자 하는 의도에서 진행되는 것이라 생각합니다.

월정리에 있는 동부하수처리장 증설문제는 단순히 증설 반대로만 볼 것은 아니라고 봅니다. 증설 규모로만 보면 현재 1일 하수처리량 1만 2,000톤을 두 배로 증설하는 것이기에 그리 큰 규모는 아니기 때문입니다. 그렇지만 지금도 처리량을 감당할 수 없어 미처리된 채 바다로 흘러가는 경우가 많기에, 해양오염을 걱정하는 해녀들을 중심으로 반대하는 것도 이해할 만합니다. 하지만 그것만이 아닙니다. 세계자연유산지역을 더 보전해야 하는데, 용천동굴과 문화재 등을 훼손하면서 하수처리장을 증설

크 세계 환경의날 기념 공동 워크숍
14:00 ~ 16:00
장소: 제주도의회 대회의실(의원회관 1F)
주최·주관: 제주특별자치도의회 환경도시위원회
제주지하수연구센터
토론자
하규철
한국지질자원연구원
토론자
김지욱
한국수자원공사
좌장
송창권
토론자
이영웅

하는 게 말이 되느냐는 입장도 있습니다. 문제가 아주 복잡하죠. 단순히 피해 보상 차원을 넘어선 다양한 요소가 엉켜 있습니다. 이렇듯 환경보전과 개발에서는 대립과 갈등이 필연적입니다.

앞서 언급한 제주의 현안 갈등문제 이외에도 많은 문제를 해결해야 하는데, 결국 제주가 지향해야 하는 지속가능한 발전을 위한 최선의 선택이 무엇인지 깊은 고민을 해야 한다고 봅니다. 이에 우리 환경도시위원회에서는 제주의 지속가능한 발전을 위해 갈등 문제를 균형감 있게 바라보고 조율하도록 노력할 것입니다. 또한 제주도정의 정책이 주민에게 공감을 얻을 수 있도록 전문성에 기반을 둔 견제와 정책 방향 제시를 하도록 최선을 다하겠습니다.

Q. 최근 논란이 되고 있는 현안이 바로 환경보전기여금문제다. 제주도에 오시는 관광객들, 제주도의 환경 보전을 위해 누리고 간 만큼 해당 부분에 대해서 돈을 내라는 것인데, 이것과 관련해 찬·반 의견이 첨예하게 대립하고 있다. 특히, 윤석열 대통령도 후보 당시 공약에 넣어놓고 지역 공약에도 포함시켰는데 이에 대한 견해는? 그리고 입도세 이야기도 나오고 있다. 이에 대한 생각은?

2020년 환경보전기여금제도 도입에 대해 제주도정이 강력한 의지를 표명한 이래, 구체적 성과 없이 2년이라는 시간이 지나갔습니다. 지난 대통령 대선후보 공약사항으로 환경보전기여금 제도가 언급되면서 다시 주목받게 되었고, 2021년 12월 27일 국회의원위성곤이 환경보전기여금제도 도입을 골자로 한 「제주특별법」 개정법률안을 발의하면서 본격적인 논의의 장이 마련되었습니다. 그러나 개정법률안이 국회에서 계류되면서 또다시 환경보전기여금제도 도입 추진 동력이 상실되지 않을까 하는 우려가 있습니다.

환경보전기여금 제도 내용에 대해서는 제주도정에서 홍보를 통해 널리 알려져 있다고 봅니다. 찬반의 첨예한 대립 단계는 넘어섰고, 심지어 관광객들도 환경보전기여금의 도입을 절대다수가 인정하고 있다고 알고 있습니다. 그 필요성에 대해 다시 강조한다면, 인구 증가와 관광객의 급증으로 난개발이 이루어지고 생활폐기물, 하수 배출, 주차난과 교통혼잡, 대기오염 등으로 제주가 보유한 환경용량의 한계치가 넘었습니다. 천혜의 보물인 제주를 지켜나가는 데 도민, 관광객이 따로 있지 않습니다. 제주의 환경 가치를 지키기 위해 제주를 찾는 모든 이들이 최소한의 책임을 분담하는 것입니다. 이름이야 기여금이든, 분담금이든, 입도세든 상관없다고 봅니다. 이제는 공론화를 넘어서 실천이 문제입니다.

Q. 제12대 제주도의회가 출범했는데, 출범 당시 상임위 구성과 관련 더불어민주당 내 의원들 간 약간의 갈등이 있었다. 특히, 위원장 선정에 언쟁이 있었다고 하는데, 무슨 문제인지 구체적으로 밝힐 수 있는가?

약간의 갈등이 있었던 것은 사실입니다만 굳이 밝힐 것까지는 없다고 봅니다. 소위 존경하는 의원들끼리의 문제이니, 그저 넘어가면 될 일입니다. 도의원을 하다 보니, 지난 일을 섭섭하다고 너무 오래 갖고 있으면 손해가 되고, 도민과 지역주민을 위해서 하고자 하는 일도 추진하지 못하게 됨을 알게 되었습니다. 계속 새롭게 논의하고 결정해야 할 일이 생겨나고, 서로 설득하며 도움을 부탁하고 우군을 만들어 가야 하는데, 뒤끝 안 좋게 할 필요는 없다고 봅니다. 의정활동을 하다 보니 나타나는 욕심과 갈등의 모습이었습니다. 별것 아닙니다.

Q. 환도위 위원장이기에 앞서 지역구인 외도동·이호동·도두동 지역 도의원이다. 특히, 해당지역은 공항 인접이라 소음문제, 하수처리장을 포함한 환경과 개발사업 현안이 많은 곳으로 유명하다. 현안이 무엇이고, 어떤 청사진을 가지고 있나?

항공소음문제는 우리 지역의 큰 아픔입니다. 그렇다고 뾰족하게 해결할 수도 없는 사안입니다. 그렇다면 불이익을 당하는 지역의 주민에게 정당한 보상과 지원이 반드시 있어야 합니다. 국가 공기업인 한국공항공사와는 국회의원과 협력을 해 해결방안을 모색하되, 공항 주변 주민의 고통에 대해서는 도 당국에 지원책을 요청할 것입니다. 더욱이 공항소음대책지역의 등고선이 넓어지면서 재산상의 제약이 더 생긴다면 이보다 더 억울한 것은 없을 것입니다. 안 그래도 불이익을 받고 있는데, 거기에 더 손해를 끼친다는 것은 불공평합니다. 인근 지역 주민들의 희생으로 다른 지역이 이익을 받고 있다면, 이익은 공유하고 고통은 분담해 주어야 하는 것이 공동체의 정신이라고 봅니다. 이런 문제에 도두하수처리시설 현대화사업도 있습니다. 현대화로 한다고 해서 끝나는 것이 아닙니다. 제주도 하수처리의 무려 54%를 차지하는 도두하수처리장에 대한 특별한 배려가 있어야 합니다. 이제야 현대화를 추진하는 것이 만시지탄이기는 하지만, 절차를 밟아가고 있습니다. 적법 절차를 거쳐서 주민수용성에 대한 배려의 전제하에 제대로 추진되도록 매의 눈으로 살필 것입니다.

Q. 이번 6.1지방선거에서 선거를 통해 교육감이 바뀌었다. 그러나 여전히 가

칭 서부중학교 설립이 난항이다. 교육청과 제주도의 지원이 미흡하다는 평가가 이어지고 있는데 지역구 의원으로서 이에 대한 명확한 답변을 해주신다면?

지난 4년 동안 가칭 서부중학교인 외도중학교의 행정 절차를 밟아나가느라 시간을 허비한 면은 있습니다. 그러나 쉬지 않고 달려왔다고 봅니다. 해당 부지를 다 매입하지도 못하고 첫 삽도 뜨지 못했지만, 행정적 사전 절차는 잘 진행했다고 봅니다. 이제 감정평가가 끝난 해당 토지 매입이 진행되고 있습니다. 제일 큰 필지를 가진 토지주와의 협상이 가장 중요합니다. 이미 도시계획시설인 학교로 확정되어 학교예정지가 되었기에 토지수용권도 확보된 것입니다. 협의취득이 올해 잘 마무리가 되면 유물산포지역으로의 유물 발굴과 설계에 착수하여 더 늦어지지 않도록 최선을 다할 것입니다. 이석문 교육감이 외도중 추진에 너무 안일했고 늦었다며 공격을 했던 김광수 교육감이니, 2024년 3월 개교는 물리적으로 어렵더라도 수용할 수 있는 개교일이 더 늦어지지 않아야 하겠습니다. 그 일에 지역구의원으로서 온 열과 성을 다해 나가겠습니다. 저의 최우선 지역공약이기 때문입니다.

Q. 지난 4년간 지역구 초선 도의원으로서 의정활동을 진행했다. 가장 보람 있거나 아쉬웠던 의정활동이 있으시다면?

가장 보람 있는 활동으로는 공항소음대책지역용담동, 도두동, 이호동, 외도동, 애월읍 일부 등의 주민들이 공항을 이용할 때, 항공운임료에 부가하는 '공항이용료'를 면제하는 조례를 개정한 것입니다. 원래는 원인제공자인 한국공항공사에서 부담해야 하는데, 숱한 싸움에서도 수용해 주지 않으니, 전국적으로 감면하는 규정이 생기기 전까지 제주도에서 부담을 해 주기로 한 것입니다. 올 초부터 시행이 되고 있는데, 아직 선할인제가 아니고 전산으로 현장 할인이 되지 않는 등 불편한 면이 있어서 체감과 효능감이 부족하지만, 내년부터는 훨씬 수월해지리라 생각합니다. 그리고 악취관리센터 관련 확대 강화하는 조례 제정과 가축분뇨처리 방류수 수질 기준 강화하는 조례 전부개정이 힘들었지만 보람을 느낍니다.

아쉬운 점으로는 가칭 서부중학교_{외도중학교}의 설립이 확정되고 행정적 절차를 다 밟아서 이제 부지 매입과 유물 발굴 그리고 설계와 시공이 남아있는데, 애초에 개교를 목표로 했던 2024년 3월이 현실적으로 불가능하고 연기될 수밖에 없는 것이 제일 미안하고 아쉽습니다. 또한 우리 이호 지역의 아름다운 해안선을 파괴하고 해양 생태계와 해양 환경을 악화시키면서 강행된 이호 앞바당 매립지의 이호유원지 개발이 더뎌지는 것이 아쉽습니다. 그리고 도두의 공공하수처리시설 현대화사업이 애초 계획보다 늦어지는 것도 답답합니다. 그러나 늦어지더라도 또 다른 문제 없이 행정 절차가 진행되고 있어서 그나마 다행입니다.

Q. 초선에서 이제 재선 도의원이 됐다. 지역구 재선의원으로서 어깨가 더 무거워진 것은 사실이다. 재선의원의 역할이 있을 것으로 보이는데?

지역구의 크고 굵직한 숙제들이 있습니다. 아무래도 재선 도의원이 되고 상임위원장의 기회도 있게 되어서 좀 더 힘이 생긴 것은 사실입니다. 그러나 재선 도의원으로 단순히 지역에만 매몰되어서는 안 된다는 것도 절감합니다. 제주도의 여러 사회적 이슈들이 제대로 해결이 안 되어 도민 갈등과 사회적 비용이 크게 발생하고 있음을 잘 알고 있기에, 더 큰 책임감으로 대처해 나갈 것입니다.

Q. 정치활동을 하면서 좌우명처럼 기준으로 삼는 격언이나 잠언이 있다면?
『논어』에도 나오고, 『목민심서』에도 나오는 '불환빈 환불균'이란 말이 있
습니다. 사람들은 가난한 것에 분노하기보다는 불공정한 것에 더 근심하
고 화를 낸다는 뜻으로 해석할 수 있습니다. 정치인으로서 마음에 새기
며 공정하게 일 처리를 하려고 합니다.

Q. 마지막으로 지역구 주민들은 물론 제주도민들께 하고 싶으신 말씀이 있
다면?
환경도시위원회 위원장으로 선출되어 두 달이 되어 가고 있습니다. 산적
한 제주 현안문제를 풀기 위해, 위원장으로서의 막중한 책임을 느끼고
있습니다. 도민의 목소리에 항상 낮은 자세로 경청하고, 균형감 있게 제
주의 현안 문제를 조율해 나갈 것임을 약속드립니다.

도의회 환경도시위원회
위원장 활동 소회와 의정 성과

일간제주, 2024.05.19

Q. 현재 제주도의회 환경도시위원회 수장인 위원장을 맡고 계신다. 2년여간 느낀 점이 있으시다면?

제주의 가치는 환경의 가치와 비례한다고 봅니다. 제주의 지속가능성은 환경에 달려 있다는 뜻입니다. 그렇지만 환경이 중요하다 하여 보전만 할 수도 없는 노릇입니다. 제주땅을 지역과 구역과 지구 등으로 구획을 정하여 관리해야 합니다. 그 속에 도시가 있습니다. 단순하게 보면, 환경은 보전하고, 도시는 제한된 범위 속에서 개발해 나가게 됩니다. 결국 우리 환경도시위원회는 보전과 개발의 균형적 입장을 가지고 조정을 해나가야 하는 상임위원회입니다.

11대 도의회에서부터 지금 12대 의회까지 2기에 걸쳐서 환도위에서 활동하는 의원은 저밖에 없습니다. 무거운 책임감으로 활동해 왔지만, 부족함도 많습니다. 사안마다 찬반이 있는 의제들을 다뤄나가야 했기에, 어떤 결정을 해도 욕만 들었던 것 같습니다. 하지만 2년 동안 환도위 일곱

분의 도의원들과 전문위원실 직원분들과 함께 열심히 일했습니다. 이런 막중한 일을 할 수 있어서 고맙기도 하고 자부심도 느끼며, 부족함에 미안함도 있습니다.

Q. 그 외 맡은 도의회 내 위원회가 있으시다면?

상임위원장이면 당연히 맡게 되는 의회운영위원회와 윤리특별위원회에서 위원으로 있고, 의원연구단체인 제주해양산업발전포럼 대표로 활동하고 있습니다.

Q. 조례 제정에서도 활발한 활동을 하시는 것으로 알고 있다. 특별히 기억나는 조례가 있으시다면?

표현이 지나칠지 모르지만, 새로운 조례를 제정한다는 것은 생명을 잉태하고 탄생시키는 것과 같다고 생각합니다. 조례가 법규범의 일종이기에, 우리 도민 삶의 양식을 바꾸는 것이고 인식의 전환을 가져오지 않겠습니까? 그래서 조례가 도민의 삶에 도움이 되고 제주사회가 좀 더 나은 공동체로 나아가는 데에 좋은 영향력을 미쳐야 하기에, 신중하게 접근하고 도민의 공감대를 얻기 위한 사전 토론회, 공청회 등 숙의활동이 중요하다고 봅니다. 그리고 의원만이 할 수 있는 고유 권한 중에 가장 중요한 역할과 기능이 입법 기능이기에, 우선순위에 두고 활동해 왔습니다. 그래서 대표발의 했든, 공동발의를 했든 제·개정된 조례가 모두 다 귀한 자식과 같습니다. 다만 그중에서 특별히 '제주특별자치도 옥외광고물 등의 관리와 옥외광고산업 진흥에 관한 조례', '하수도 사용 조례', '용천수 활용 및 보전 조례', '위기임산부 및 위기영아 보호·상담 지원 조례' 그리고

'아동출입제한업소 확산 방지 및 인식 개선을 위한 조례' 등이 더 애틋하게 기억이 남습니다.

Q. 특히, 송창권 의원은 다른 의원들이 건드리지 못하는 문제, 예를 들어 '베이비 박스'와 '노키즈존' 논란에 대해 직접 나섰고, 공론화에 조례 제정까지 나섰습니다. 해당 사안에 대해 상세히 설명해 주신다면?

먼저 '위기임산부 및 위기영아 보호·상담 지원 조례'입니다. 애초에 서울에서 베이비 박스를 운영하고 있는 법인 관계자로부터 위기영아의 실태를 듣고 평소의 문제의식을 더 강화시키면서 조례안을 생각한 것은 맞습니다. 하지만 베이비 박스는 전국적으로도 찬반의 논란이 있고, 적법 여부에 대한 의견이 분분했었습니다. 그래서 소위 베이비 박스가 제주에 설치되는 문제는 완전 분리하여 별론으로 하고, 이 용어의 부정적 인식도 있기에 조례안에서는 빼고 추진했음을 말씀드립니다. 따라서 본 조례가 베이비 박스를 떠올리게 할 수 있다 치더라도 조례에 그 용어는 없습니다.

위기임산부 및 위기영아는 현존하는 우리 사회의 자화상입니다. 다만 못 본 척, 모르는 척 할 뿐입니다. 우여곡절이 있었겠지만, 어쨌든 어렵게 이 땅에 태어난 생명입니다. 천하보다도 귀한 생명이죠. 태어났음에도 등록되지 못한 채 있는 아이들이 같은 하늘 아래 현존하고 있는 것입니다. 강제화된 출생신고 후에야 공적인 돌봄이 이뤄지기에, 출생미등록이 된 아이들의 생명과 처지가 위태롭습니다. 그런 상태에 처하게 된 임산부도 마찬가지입니다. 그래서 이 조례가 필요한 것입니다. 현재의 시스템으로도 충분하다는 주장도 있지만, 사각지대가 있고 부족합니다. 보건복지부에 대한 감사원 감사에서도 전국에서 2015년부터 2022년까지 출생 미등록된 아이가 2,123명이고, 제주에서도 19명이라는 조사결과가 있었습니다. 생명을 우선 구해야 합니다. 지금은 법률이 개정되어서 출생신고제, 출생통보제, 보호출산제 등이 시행되고 있어서, 이 조례의 정당성과 실효성이 증명되었습니다. 하지만 조례 제정 당시에는 오히려 인권 단체와 위기 영아 등 관련 단체에서 거센 반대가 심해서 안타까웠습니다. 당혹감과 절망감과 두려움에 떨고 있는 위기임산부와 배우자 및 위기 영아들이 익명의 상담을 받고 출산·산후 조리의 도움을 받으면서 주거 및 생계 지원 등이 이뤄지길 바랍니다. 이러한 역할과 책무를 도지사에게 부과한 조례이니, 현장에서 제대로 시행이 될 수 있도록 잘 살펴보겠습니다.

두 번째로, '노키즈존 금지 조례'입니다. 이 조례명도 최초에는 금지라는 단어를 넣었다가 법률유보의 원칙에 위배될 소지가 있다 하여 '아동출입 제한업소 확산 방지 및 인식 개선을 위한 조례'로 바뀌어 통과되었습니다. 식당과 카페 등은 쉽게 개업할 수 있는 신고업입니다. 그래서 특별한 조건과 제한을 두고 있지 않는데 개업·운영하고 있는 식장, 카페 등에서 나이를 기준으로 출입에 제한을 두고 운영을 하는 것은 원칙에도 맞지 않다고 봅니다. 진입 자체를 막을 것이 아니라, 입장 후에 영업에 방해가 되는 경우에는 나가달라고 할 수 있도록 하는 것이 맞다고 보는 것입니다. 제주도가 관광도시이고 아동친화도시를 지향하고 있는데, 전국에서 노키즈존으로 운영하는 업체가 인구 대비 제일 높고, 운영업소도 80여 개나 있다는 것은 그리 좋은 현상이 아닙니다. 국가인권위원회에서도 나이를 기준으로 합리적인 이유 없이 식당, 카페 등에 출입을 제한하는 것은 차별행위에 해당되기에 일률적으로 배제하지 말 것을 권고했습니다.

이 조례로 모든 게 해결되지는 못하지만, 우리 제주가 차별과 배제와 혐오가 없는 사회가 되는 계기라도 되길 바랍니다. 더 나아가 최근 대한민국이 초저출생국이 되고 지방 소멸을 걱정하고 있는데, 아이들을 배제하는 사회에서 어떻게 출산율을 높일 수 있겠습니까? 이 조례는 도지사에게 아동출입제한 업소의 확산이 방지되도록 하고, 아동차별이 되지 않도록 인식 개선의 노력을 하도록 했습니다. 그리고 공공장소 이용에서의 공중도덕과 보호자에게 주의를 주도록 하는 규정과 아동친화적으로 운영하는 업체를 지원하는 적극적인 행정도 규정해 놓았습니다.

이상의 두 가지 조례는 제정 과정에서 많은 논란이 있었음에도 불구하고 압도적인 표로 가결처리되었습니다. 저 혼자 한 것은 아니고 많은 의원님 특히 보건복지안전위원회 김경미 위원장을 비롯한 위원님의 이해와 도움이 컸습니다. 두 조례가 전국 최초의 조례 제정이다 보니, 과정 속에서 난항이 있었던 것은 이해하고도 남습니다. 하지만 관용의 제주사회를 위해, "사막에 우물을 판다"는 심정으로 첫발을 내디뎠습니다. 시행이 되면서 세심한 보완도 필요할 것이라 봅니다.

Q. 어려운 논제의 하나로, 환경을 지켜야 한다는 보존의 목소리와 사람이 살 수 있고 경제가 활성화되어야 한다는 개발 논리가 공존하는데 위원장으로서의 생각은?

네, 공감합니다. 매우 어려운 문제입니다. 각자의 가치관과 처지에 따라 다른 주장을 할 수 있기에 더욱 그렇습니다. 그렇더라도 환경의 가치가 결국 제주의 가치를 이끌어 갈 것이라 믿고 있습니다. 그런 전제에서 개발의 논리가 있어야 지속가능한 경제 활성화도 이뤄진다고 보고 있습니다. 그러나 환경을 무조건 보존만 해야 한다고 보는 것은 너무 관념적이고 이상적이라 생각합니다. 현재 우리의 삶이 도시에서 이뤄질 수밖에 없는 것이잖습니까? 그래서 도시개발은 당연합니다. 다만 친환경적 도시개발이 되는 것이 더 풍성하고 행복한 도시가 될 것입니다. 그래서 환경의 규제와 환경수용성이 보장되어야 합니다. 환경수용총량은 상황에 따라 높여 나갈 수도 있습니다. 제로섬 게임처럼 한정된 땅에서의 땅 따먹기만은 아니라고 봅니다. 균형적 사고를 바탕으로 파이 자체를 키울 수도 있다고 보는 입장입니다. 다만 어려움이 있기에 도민 컨센서스를 이뤄나가는 지난한 과정의 숙의가 필요하리라 봅니다.

Q. 이건 의회와는 다른 이야기인데, 자식을 가슴으로 낳았던 사실이 유명하시다. 그런데 최근 중앙 언론을 통해 공개되어 화제가 되었는데 이야기해 줄 수 있는가?

네, 이미 공개 입양을 했고 우리 아이들에게도 다 이야기하고 키우고 있기에 꺼릴 것은 없습니다. 다만 누가 묻지 않으면, 굳이 말하지도 않을 뿐입니다. 제가 49살 때 낳은 귀한 천사들입니다. 첫 돌 되기 전에 만나서 아들로 입양하고 올해 초등 5학년인 12세 늦둥이 쌍둥이입니다. 큰딸이 27살이니, 누나랑은 15살 차이가 납니다. 뭐 별것은 없고요, 그 누구도 부정할 수 없는 100% 사랑하는 내 아들들입니다. 그저 평범하게 시끌벅적, 티격태격하며 지내고 있습니다. 요즘에는 축구에 빠져서 종일 운동장에서 공을 차고 놉니다. 지난 달 학교에서 신체검사표를 가지고 왔는데, 신기하게도 쌍둥이 아니랄까 봐 키가 156.4cm로 똑같았습니다. 잘 키워야죠. 행복하게 잘 지내고 있습니다.

Q. 현재 추진 중인 제주형 행정체제 개편에 대해서 어떤 입장을 가지고 있고, 2026년 6월 지방선거에서 도입이 가능할 것인지에 대한 견해를 말씀해 달라.

풀뿌리 민주주의를 위해서, 도민의 자기결정권과 주민주권을 위해서 반드시 기초자치단체가 부활되어야 한다는 입장에서 제주형 행정체제 개편을 적극 찬성하고 있습니다. 행정의 민주성과 효율성의 가치 중에, 효율에 비중을 두면서 2006년 7월 1일 단일광역행정체제를 만들었지만, 민주성은 물론이고 효율성에서도 잃어버린 것이 더 많았고 제왕적 도지사가 되어 모두 도청만 쳐다보는 꼴이 되어버렸습니다.

다만 다음 지방선거 때까지 물리적으로 행정체제 개편이 이뤄질 수 있는가에 대한 의문이 있습니다. 하지만 권력을 분산하고 분권하는 것이 쉬운 일도 아니고 욕심을 내려놓기도 어려울 텐데, 오영훈 도지사는 공약도 내놓았고, 실제 의지도 있다고 보입니다. 그렇더라도 중앙정부가 최종 키를 쥐고 있어서 중앙정부와 국회를 더 설득해 나가야 하리라 봅니다. 지사의 의지와 도민의 지지는 크게 도움이 될 것입니다. 올해 후반기에 기초자치단체 모형과 3개의 행정구역 개편에 대한 주민투표가 실시되어서, 민선 9기가 시작하는 2026년 7월 1일에는 제주형 행정체제가 출범될 수 있기를 바랍니다. 악마는 디테일에 있다고 하는데, 청사의 입지, 제주특별자치도 특례 유지, 도민 수용성 제고, 광역과 기초의 사무 배분, 지방의원 선거제도 등 도민의 공론화가 좀 더 세밀하게 추진되어야 할 것입니다.

Q. 교육계 최대 현안인 '가칭 서부중학교 설립' 관련해 어느 정도 이뤄지고

있고, 언제 개학이 가능한지?

외도동 등 제주시 서부지역의 20년 묵은 숙제인데요, 현재 추진계획에 맞게 잘 진행되고 있습니다. 아시는 것처럼 제주교육계에서 최초로 사유지를 학교부지로 전부 매입했고, 부지 근처 일대가 유물산포지역이어서 매설 유물 발굴을 이유로 시일이 걸리고 있습니다. 다음 달인 6월 말까지는 발굴이 완료될 것입니다. 그리고 설계 공모를 거쳐서 내년 전반기 내로 착공이 이뤄지게 되면, 전체 준공이 2027년 후반이 되더라도, 부분 준공을 해서라도 제주도교육청 공식적인 개교 목표인 2027년 3월에는 개교가 가능하리라 봅니다. 기대하며 간절히 기도하고 있습니다.

Q. 제주도 최대 현안인 도두하수처리장 현대화 증설 사업 관련 문제인데, 현재 상황을 이야기해 주신다면?

큰 틀에서는 공사가 원만하게 진행 중입니다. 3980억 원의 대규모 공사이며, 제주도 전체 하수처리량의 52%를 차지하는 매우 중요하고 시급한 도시 기초시설이기에, 반드시 차질 없이 진행되어야만 합니다. 2025년 말까지는 오수처리시설을 준공하고, 지상공원까지의 전체 준공은 2027년 말로 계획하고 있습니다. 조만간 도두동주민대표협의체와 제주도지사 간의 상생업무협약이 체결될 것으로 봅니다. 그동안 현대화 증설사업의 시급함과 중요성을 고려하여 도두동민께서 소위 상생협약도 없이 통 크게 양보하여 주신 덕분에 좀 더 일찍 진행될 수 있었습니다. 도두동민이 자랑스럽고 고맙습니다. 공사 현장에서의 소음, 먼지, 진동 등의 환경성 저감 방지책과 좀 더 세밀한 현장 민원 해결이 되어서 차질이 없기를 바랍니다.

Q. 노후된 이호동 주민센터 신규 설립 문제는?

이호동 생활 SOC 복합화사업이라는 이름으로 주민센터의 공사가 진행되고 있습니다. 제가 도의원 되고 나서 이호동의 숙원사업이었던 청사 건립의 부지 1,000여 평이 매입되었습니다. 당시 예산의 여건이 지금보다는 좀 여유가 있었을 때였으니 가능했습니다. 시기가 잘 맞았습니다. 지금 같아서는 신규 청사는 물론이고 부지 매입도 불가능했을 것입니다. 공사비만도 76억 원이 소요되니, 총 120억 원에 육박하는 예산이 투입되었습니다. 생활 SOC 복합화로 지어지는 것이라 준공 후에는 건강생활지원센터가 함께 있게 되어서 의료시설이 전무한 이호동, 특히 이호1동에 큰 도움이 되리라 기대합니다. 내년 2월경에 준공을 계획하고 있습니다. 이번 추경예산에 마지막 예산 38억 원이 확보되면 준공하는 데에 큰 문제는 없다고 봅니다. 이호동 주민과 함께 부푼 마음으로 기대하며 기다리고 있습니다.

Q. 이호와 외도 지역구가 모두 공항 근처 지역으로 소음 피해가 막대합니다. 이에 대해 대책 방안은?

네, 소음 피해가 큽니다. 공항소음대책지역의 주민은 외도동, 이호동, 도두동, 용담동, 노형동 일부, 애월읍 일부 등 2,200여 명이 되고, 인근 지역 주민까지 합하면 무려 6,600여 명이나 됩니다. 주간 피크 때에는 1분 30초 간격으로 비행기가 뜨고 내리니, 소음 피해가 심각합니다. 이는 제주도 관광객, 많게는 1500만 명에서 최근 1300여 만 명을 싣고 오는 비행기의 소음입니다. 누구는 이익을 보고, 누구는 피해를 봅니다. 공항이 생기고 마을이 생긴 것이 아니라, 기존 마을을 강제로 이주시켜 만들었고 지금도 소음, 비산 먼지, 악취, 진동 등으로 피해를 보고 있는 것입니다. 이 지역에 사는 분이 아니면 공감하기가 어렵습니다. 그래서 저는 "이익은 공유하고 피해는 분담하자"는 공동체 기본 정신을 강조하고 있습니다. 지금도 주민지원사업이 있지만, 주민이 원하는 사업이 아니라 행정에서 원하는 사업에 지원하고 있어서 효능감이 떨어집니다. 경제적인 지원 부분도 중요하지만, 야간비행금지시간커퓨 지정도 도입해야 합니다. 김포공항, 김해공항은 밤 10시 이후부터 아침 6시 전에는 비행을 금지하고 있습니다. 똑같은 국제공항이지만, 소음피해지역의 주민의 평온한 수면시간 보장을 위해서 도입하고 있습니다. 지역구 의원으로서 주민을 위해 반드시 도입해야 한다고 주장하고 있습니다.

제주도는 도민의 것,
제주의 미래는 도민 스스로 결정
-송창권 신임 더불어민주당 원내대표 대담

KBS제주 1TV '7시 뉴스 제주',

2025.07.02

Q. 제12대 제주도의회 마지막 1년을 책임질 더불어민주당 원내대표에 선출됐습니다. 먼저, 각오 한마디 해주신다면?

먼저 원내대표로 일할 수 있는 기회를 주셔서 감사드립니다. 도의원을 하기 전부터 원내대표를 하고 싶은 로망이 있었습니다. 그런데 초선 때도 도전했었지만 놓친 경험이 있었습니다. 그러다 재선이 되고, 그것도 마지막 4기에 원내대표 의원을 하게 되니, 개인적으로도 매우 기쁘고 감사합니다.

지금은 엄중한 시기입니다. 그간 3년 동안의 윤석열 정부의 정국이 혼란스러움에 이어 결국 12.3 계엄 선포로 인한 위헌적이고 불법적인 비상계엄과 내란 등으로 대한민국의 경제는 물론이고 총체적으로 국가의 피폐함이 형언할 수 없을 정도였습니다. 그러다 6.3선거에서 국민의 현명한 선택으로 국민주권정부 이재명 정부가 탄생했습니다. 이제는 이재명 정부의 극복 과정을 지역에서도 도와야 한다고 봅니다. 특히 지방자치 30

년이 되면서, 도민에게 실질적인 도움이 되고 희망이 되는 지방정치가 되어야 할 것입니다. 여기에 특히 최근 매우 어려운 민생경제를 살려 나가는 데에 온 힘과 열정을 다 해야 한다고 봅니다. 결국 도민의 삶을 위한 역할을 감당하는 것이 정치가 해야 할 일이라고 보기 때문입니다.

Q. 도정과 도의회 간 정책 협의와 견제 균형은 중요한 과제죠. 오영훈 도정과의 협력 또는 견제에 있어 원내대표로서 어떤 원칙을 세우고 계십니까?

아시는 것처럼 우리나라의 지방정부 구성형태는 대립형입니다. 그러다 보니 견제와 감시와 통제의 역할이 중요합니다. 물론 갈등과 혼란과 다툼이 비효율적으로 보이기도 합니다. 대립형의 태생적 한계이기도 하고 아쉬움이 있는 부분입니다. 하지만 그러면서 발전이 되는 것이라 봅니다. 그래서 더욱 필요한 것은 소통과 협력과 균형입니다. 특히 민주당 입장에서 오영훈 도정은 매우 소중한 민주당 도정입니다. 견제와 감시와 대안을 제시하면서도 잘 소통하고 협력해서 도민에게 도움이 되도록 하겠습니다.

Q. 제주 최대 갈등 현안인 '제2공항'사업의 환경영향평가가 일부 주민의 반대에도 불구하고 본격적으로 시작됐습니다. 이에 대해 이상봉 제주도의회 의장은 '도의회 차원의 TF'를 구성하겠다고 밝혔는데요. 대표께서 생각하시는 의회의 역할은 어떤 겁니까?

이 부분에서 대해서는 민주당의 당론이 있다거나 원내대표로서 대표성을 가지고 말씀드릴 것은 아님을 전제로 사견을 말씀드리겠습니다. 제2공항은 단순한 인프라 사업이 아닙니다. 제주의 환경, 공동체, 그리고 미래 세대의 삶 전반에 영향을 미칠 수 있는 중대한 사안입니다. 그럼에도

불구하고 지금까지 제2공항 사업은 '국책사업'이라는 이유로 도민의 목소리가 충분히 반영되지 못했습니다. 그 과정에서 도민사회 내의 갈등과 불신이 깊어졌습니다.

저는 일머리를 파악할 때에, 사정변경의 원칙을 중요하게 여기고 있습니다. 웬만하면 말 바꾸기를 하지 말아야 하지만, 중대한 객관적 사정이 변경된 경우에도 결정을 고집해서 오히려 신의성실의 원칙을 크게 훼손하고 피해 또는 손해가 현저하게 발생할 것이 명확하다면 현실에 맞게 바꿔서 처음의 생각을 고집하지 말아야 한다고 생각합니다.

그런 관점에서 볼 때, 제2공항 추진의 근거가 됐던 2014년에 수행된 항공수요 예측 용역 결과를 보면, 현실성과 정확도에 대한 재검토가 필요한 상황입니다. 그 당시 예측으로는 2025년 제주공항 항공수요가 약 3939만 명에 이를 것으로 추정되었지만, 지금은 코로나19 이후 항공 수요의 변동, 제주 환경 수용력, 관광정책 변화, 조류 충돌 문제 등 고려해야 할 요인이 매우 많아졌습니다. 지금 시점에서 더 이상 과거 수치를 절대적인 기준으로 삼아서는 안 됩니다.

이런 상황에서 이상봉 의장께서 제안하신 '도의회 차원의 TF 구성'은 매우 시의적절하며, 저는 여당 원내대표로서 이 TF가 실효성 있게 작동될 수 있도록 적극 뒷받침하려 합니다.

무엇보다 현재 진행 중인 환경영향평가 과정에서는 단순한 생태·물리적 환경뿐 아니라, 주민 수용성 또한 중요한 요소로 반영돼야 합니다. 지역 주민들의 삶에 직결되는 문제인 만큼, 그 의견이 배제되거나 왜곡되지 않도록 도의회가 TF를 통해 도민의 다양한 목소리를 수렴하고 이를 공식 절차에 반영할 수 있도록 제도적 장치를 마련해야 한다고 봅니다.

여하튼 찬성이든 반대든, 저는 모든 입장이 제주를 걱정하는 마음에서 출발했다고 생각합니다. 도의회는 그 마음들을 존중하며, 객관적 정보와 투명한 절차 속에서 도민이 주체가 되어 미래를 선택할 수 있는 구조를 만들어야 합니다.

제2공항과 같은 중대한 현안일수록 절차의 정당성과 정보의 투명성은 핵심입니다. 도의회는 도민의 대의기관으로서 갈등을 관리하고, 제주의 자연환경과 도민의 삶이 조화를 이룰 수 있도록 책임 있는 역할을 다하겠습니다.

Q. 대표께서 생각하시는 제2공항에 대한 갈등 해소를 위한 해법은 무엇입니까?

아까도 말씀드렸지만, 제2공항을 둘러싼 갈등은 단순히 찬성과 반대의 문제가 아니라, 제주가 어떤 미래를 선택할 것인가에 대한 깊은 고민이 반영된 결과라고 생각합니다. 저는 갈등을 해소하는 가장 근본적인 해법은 신뢰 회복이라고 봅니다. 이를 위해 세 가지가 반드시 전제돼야 합니다.

첫째, 객관적이고 투명한 정보 제공입니다. 그동안 제2공항 추진 과정에서 도민들이 가장 불신했던 부분이 바로 정보의 비공개와 일방적 절차였습니다. 환경영향평가 과정은 물론, 공항 건설이 미치는 영향 전반에 대해 모든 정보를 투명하게 공개하고, 도민 누구나 쉽게 접근할 수 있어야 합니다.

둘째, 도민 참여를 제도적으로 보장하는 공론화 과정과 도출된 결과의 왜곡 없는 반영과 존중이 필요합니다. 지금까지는 일부 의견만 반영되거나, 형식적 수렴에 그친 측면이 있었습니다. 앞으로는 찬반을 막론하고 다양한 도민의 목소리를 제도적으로 담아내고, 그 결과가 실제 정책에 반영되도록 해야 합니다.

셋째, 정부의 일방 추진 방식에 대한 조정과 견제입니다. 제2공항이 국책사업이라는 이유로 도민의 뜻이 배제되는 일은 없어야 합니다. 제주도는 제주도민의 것이고, 제주의 미래는 도민 스스로 결정할 권리가 있습니다. 국민주권정부하에서는 도민주권도 매우 소중하고 지켜 주어야 할 가치입니다. 소위 도민결정권 존중입니다. '공론에 기반한 제주 공동체의 선택과 존중'이 되도록 도의회의 균형적 역할도 매우 필요하다고 봅니다.

저는 이 세 가지를 중심에 두고, 찬반을 넘어 도민 모두가 납득할 수 있는 결과를 만들기 위해 의정활동에 최선을 다하겠습니다. 갈등의 끝이 더 극단적인 대립이 되지 않기 위해서도 존중과 공감, 그리고 주체적 결정권의 철저한 보장이 되어야 합니다. 그래야 진정한 제주의 지속가능한 미래가 열릴 것이라 봅니다.

Q. 오영훈 도정은 내년 지방선거 적용을 목표로 '제주형 기초자치단체' 도입을 추진하고 있죠. 출범을 불과 1년 앞둔 지금, 주민투표는 아직까지 진행되지 않은 상황인데요. 제주형 기초자치단체 도입의 실현 가능성, 어떻게 평가하십니까?

저는 가능하다고 보고 있습니다. 그리고 도민의 뜻으로 알고 이미 행안부에 도지사가 건의까지 했고, 도의회에서도 결의서를 채택하여 관계 당국은 물론이고 여러 정부기관에 제출했습니다. 지방분권과 지방정치를 소중히 여기는 이재명 정부에서 선거 중에 공약도 했기에, 이제는 더 이상 소모적이고 낭비적인 행정체제 개편에 종지부를 찍어 주기 바랍니다.

더욱이 이재명 대통령께서 민주당 중앙당 제주공약에서 주민투표의 방법을 통해 주민의 뜻을 불가역적으로 확인하고 추진해 보겠다는 공약을 했고, 마침 김경수 지방시대위원장에 임명된 김경수 전 경남지사도 민주당 대선후보였을 때, 주민투표에 의한 행정체제 개편을 공약으로 내놓았기에 더욱 기대가 됩니다. 지난 윤 정권 때보다 분위기가 우호적이고 희망적으로 느껴집니다. 주민투표에 의해서 도민의 불가역적이고 확정된 뜻이 확인이 되면 그 결과에 따라 진행해 나가면 될 것이라 봅니다. 찬성으로 나오면 내년 지방선거에 바로 적용하는 것이 당연하다고 봅니다. 뜻을 확인했는데 실천하지 않는 것은 또 다른 갈등과 도민들 사이에 분열을 일으키는 것이고 책임을 방기하는 것이고 도과하는 것이라 봅니다. 주민의 문제를 주민의 뜻을 확인하고 추진해 보겠다는 자기결정권의 문제가 이리도 지지부진할 수밖에 없는 것이 30년 된 지방자치의 허술한 현 주소입니다. 워낙 완고한 중앙집권 국가인 대한민국의 현실이 안타깝고 답답한 노릇입니다. 제발 하루빨리 주민투표를 실시할 수 있도록 행안부 장관이 임명되어서 도지사에게 요구해 주면 좋겠습니다.

Q. 곧 올해 두 번째 추경 예산안 심의 과정에 들어가죠. 어떤 점을 집중해서 살펴볼 계획입니까?

아직 공지가 되지는 않았을 것입니다만, 내부적으로는 당초 7월 16일부터였던 일정이 일일 원포인트 임시회를 한 다음, 본격적으로 추경예산 관련 임시회가 8월 5~14일까지로 변경될 것 같습니다. 그렇게 되면 도 차원에서는 7월 한 달 동안 예산편성 작업을 하게 될 것이고 7월 말경에는 도의회로 추경예산안이 제출될 것으로 보입니다.

도민께서도 체감하는 것처럼 도내 내수경기가 위축이 되어서 민생경제가 매우 어렵습니다. 중앙정부에 발맞춰서 확장적 재정정책을 쓰게 될 것입니다. 그래서 도민에게 직접적으로 피부에 와 닿는 사업에 관심을 가져야 할 것으로 봅니다. 추경예산안이 제출되면 그런 입장에서 면밀히 심의해 가도록 하겠습니다.

Q. 12대 도의회에서 더불어민주당이 꼭 성과를 내고 싶은 정책이나 과제가 있다면?

오영훈 도정은 민주당 도정이기에, 현재 민주당 도의원 27분과 함께 도민으로부터 더 많은 신뢰와 사랑과 지지를 받을 수 있도록 함께 노력해 나가겠습니다. 지역에서 현장 의총도 열어 지역의 민원도 들을 생각입니다. 또한 오영훈 도정과 당정 간담회도 개최하여 도민의 뜻을 전달하고 반영될 수 있도록 하며, 도정이 바르게 나아갈 수 있도록 손도 붙잡고 견제도 해나갈 계획입니다. 가장 시급한 것은 아까도 말씀드렸듯이 민생회복에 맞춰서 성과를 내도록 힘을 모아가겠습니다.

Q. 지방선거가 1년 앞으로 다가왔습니다. 원내대표로서 정당의 경쟁력 강화를 위한 전략이나 목표가 있다면요?

정당 차원에서는 중앙당과 도당과 지역위원회가 있기에, 도당위원장·지역위원장 등 도당 차원에서 경쟁력 확보를 해나갈 것이라 보고요, 저는 현 민주당 도의원 27명의 대표 의원으로서 의원님 각자의 상품을 제대로 홍보하고 대변해 보려 합니다.

Q. 끝으로 도민께 전하고 싶은 말씀은?

사랑하고 존경하는 도민 여러분! 지금 경제 등 여러 방면으로 어려움이 있다는 것을 잘 알고 있습니다. 도민들께서 축 처진 어깨와 떨구어진 고개를 들 수 있도록 여러분과 함께하겠습니다. 도민으로부터 더 많은 신뢰와 기대를 받을 수 있도록 사심 없이 충실히 일하겠습니다.

서로 연대하고 격려해야
함께 개선할 수 있습니다

한국입양홍보회 <입양가정소식지>,
2025년 11월호

Q. 먼저 간단한 자기소개와 함께, 입양가족분들께 따뜻한 인사 말씀 부탁드립니다.

아내 김신영의 남편이며, 3남 1녀의 아빠 송창권입니다. 자녀 모두가 하나님의 자녀라 믿고 있습니다만, 특별히 늦둥이 아들 쌍둥이는 하보천_{하나님이 특별히 보내 주신 천사}이라는 별칭이 있습니다. 쌍둥이 덕에, 우리는 소위 입양가족의 반열에 오르게 되었습니다. 입양가족의 일원으로서 애틋하고 다정스런 마음으로 인사드립니다. 반갑습니다!

Q. 입양을 준비하게 된 계기와, 입양을 결심하게 된 결정적인 이유가 무엇이었는지 들려주세요.

입양에 대해 무슨 특별한 계기가 있거나 딱히 유별난 사건이 있어서 생각하게 되거나 결심을 한 것은 아닙니다. 다만 대부분의 지독한 혈연주의에 빠져 있는 우리나라의 국민처럼 저도 어렸을 적에 부모님께 혼나거나 누나, 형으로부터 구박을 당한 것처럼 느꼈을 때(실제는 많은 사랑을 받고 자랐지만), 다리 밑에서 주워 온 아이가 아닐까 혼자 속앓이를 하는 평범한 사람이었습니다.

커서 나중에 알았지만, 6.25 사변 때 전사하신 둘째아버지샛아버지의 딸이 입양되었다는 것 이외에는 별반 다르지 않습니다. 더욱이 부모님 형제가 5남 2녀이고, 저희 친형제들이 3남 3녀인 대가족의 분위기에서 자라서, 자녀들이 딱히 귀하거나 자녀가 많은 것에 대한 부담도 없었던 것 같습니다.

어쩌면 모태신앙이어서인지는 모르지만, 성경에서 "이웃을 사랑하라"는 말씀이 강하게 박혀있다는 것이 영향을 미쳤을 것 같기도 하고, 또한 청년 시기에 관악구 신림동에서 고시 공부를 한 적이 있는데, 그곳에서 신림교회 청년들과 입양 관련한 세미나를 들었던 것이 내면화했는지도 모르겠습니다. 어쨌든 입양에 대해서는 결혼 전부터 염두에 있었고, 그것도 장애아를 입양하겠다는 생각이 있었습니다.

결혼 후에 아내와 자녀 3명을 갖기로 했다가 아내가 제왕절개로 아이를 낳게 되어 한 명을 더 채우려 했는지도 모르겠습니다. 결정적인 이유는 없습니다.

Q. 현재 제주도의회에서 의원으로 활발하게 활동하고 계신데, 정치를 시작하게 된 특별한 계기가 있었나요?

어렸을 적부터 정치적 성향이 있었던 것 같기는 합니다. 1934년생인 아버지께서 중·고등학교 때 학생회장을 했었다고 들었는데, 그런 아버지 영향을 받아서인지 저도 초·중학교 때 학생회장도 하고 여러 단체나 모

임에서 앞장섰던 경험은 있습니다. 그러다 386세대가 대부분 그렇듯, 운동권 학생은 아니었지만 사회개혁에 대한 관심과 의지가 많았습니다. 김대중 대통령과 노무현 대통령을 존경하고 지지하다 보니, 자연스레 지방 정치의 길에 들어서게 되었습니다. 대학 전공도 행정학과와 정치외교학에서 지방자치를 공부하면서 공익적 마인드가 심어진 것 같기도 합니다. 어쨌든 정치가 모든 것을 결정하지는 않지만, 정치 없이 정책 결정이 이뤄지는 것은 바람직하지 않다는 생각을 확고히 하고 있습니다.

Q. 도의원으로서 꼭 이루고 싶은 목표나 중점적으로 추진하고 싶은 정책이 있다면 무엇인지 말씀해 주세요.

좀 더 포장해서 말씀드리자면, 가장 근본적인 이유로는 '하나님의 사랑을 가지고 이웃 사랑을 실천'하고 싶습니다. 이것이 또한 이 사회의 무너진 데를 보수하고 사회적 약자에게 도움이 되는 정치로 이어지길 바라고 있습니다. 그러다 보니, 자연스레 정부가 좀 더 많은 일을 감당해야 한다는 큰 정부의 정치적 정체성의 진보 계열인 더불어민주당으로 정치를 하게 되었습니다.

지금 제주지역에서 현실 정치를 하면서는 제주의 환경적 가치를 소중히 하면서 생명과 복지 그리고 교육에 좀 더 관심을 가지며 집중하고 있습니다. 또한 정치라는 게 모름지기 현실에 바탕을 두면서도 미래 비전을 제시하고 이끌어 나가야 하는 것이기에, 환경 측면으로 지속 가능한 제주와 사회를 만들어 가는 데에 중점을 두고 있습니다.

Q. 2019년 전국 최초로 '제주특별자치도교육청 반편견입양교육 활성화 조

례'가 제정이 되어 타지역에 사는 입양가족들에게 부러움을 사기도 했는데, 조례를 제정하게 된 계기가 무엇인지 궁금합니다.

어찌 보면, 입양에 대한 편견을 반대하는 교육은 당연한 것입니다. 그러나 정책이나 사업을 계획하고 실현해 나가려면 인식의 전환이 전제가 되고 실질적인 예산의 뒷받침이 있어야 하지 않습니까? 그러려면 근거나 설득 수단이 필요했습니다. 조례는 지역에서의 우리 삶의 양식과 사고 인식의 전환을 만들어 가는 수단이고 효능감 있는 도구입니다. 제가 도의원이고 입법 활동을 주로 하는 권한이 있고 그러려고 의원을 하는 것이니, 주저 없이 추진했습니다.

토론회도 하고 간담회도 거쳤지만, 쉬운 것도 당연한 현실도 아니었습니다. 집행부 교육청을 설득하고 의원들의 동의를 얻기까지는 지난한 어려움이 있었습니다. 저희가 입양가족이어서 입양가족의 속상함과 서러움과 사회적 편견을 그렇지 않은 분들보다 잘 알 수 있었기에, 내가 대표로 발의하고 통과시켜야 한다는 책임감도 한몫했습니다.

전국적으로 대부분 시도 조례를 통해 일반 행정에서 입양가족 지원이 있었습니다.

그래서 제주도교육청에서는 전국 어디에도 교육청 조례로는 없으니, 제주도 조례를 개정하든지, 다문화가정 지원 조례나 타 조례에 조문을 추가하여 진행하기를 원했지만, 별도의 교육청 조례를 추진하게 되었습니다. 결국 아이들이 자라는 시기인 학령기에 특히 편견과 차별, 그로 인해 의기소침하는 일은 없어야 한다고 믿었기에, 학령기에 해당한 도교육청 조례를 고집스럽게 추진했습니다. 지금은 '입양인식 개선 지원 조례'로 개정이 되었습니다. 덕분에, 2019년 당시 한국지방자치학회의 우수 조례로 선정되기도 했습니다.

Q. 입양가족들은 때로 사회적 편견에 직면합니다. 제주도 또한 예외는 아닐 텐데, 의원님께서도 입양과 관련해 편견이나 차별을 경험하신 적이 있으신 가요?

공개 입양을 했지만, 아직도 입양 사실을 많은 분들이 알고 있지는 않은 것 같습니다. 그래서인지 직접적으로 편견이나 차별을 당해 화가 나거나 속상한 적은 많지 않습니다. 모르겠습니다, 제가 도의원이다 보니 앞에 서 못하고 뒷담화를 하는지는요.

쌍둥이와 나이 차이가 49세이다 보니, 처음에는 어디 바람피우다가 얻은 아이라는 말이 돌았다고는 전해 들었습니다. 다만 우리 아이들이 친구들과의 사이에서 서로 다투다가 "너를 버릴 만하다"는 놀림을 들었다고 전해 들었을 때나 괜히 아이들이 불쌍하다거나 어떻게 남의 애를 키울 수 있는지라며 "대단하다"라는 식의 어투가 불쾌할 때는 있습니다.

지켜진 생명을 이 사회가, 대한민국이, 우리가 품고 키우는 것은 공동체의 기본 정신이며 인지상정이라 봅니다. 입양은 칭찬이 아니라, 축하할 일이며 자녀에게 초점을 맞춰서 양육할 수 있는 여건과 안위를 지원하고 책임을 져 나가야 할 것입니다.

Q. (사)한국입양홍보회를 알게 된 계기와 본 회에 바라는 점이 있다면 말씀 부탁드립니다.

제가 출석하고 있는 제주성지교회의 성도 중에 입양가족이 있었는데요, 그분이 한국입양홍보회를 소개해 주었습니다. 그 이전에도 '하보천'이라는 일곱 입양가족 모임에서 활동하고 있었습니다. 입양기관에 따라, 혹은 종교에 따라 입양가족의 자조 모임이 있을 수밖에 없겠지만, 통합된 전국 입양가족 모임이 하나는 있어서 한목소리를 낼 필요가 있다고 생각했습니다. 그래서 참여하게 되었고, 주위의 입양가족에게도 알리고 있습니다.

앞으로 그런 의미에서 한국입양홍보회가 주도해서라도 전국의 독자성과 특성을 가진 여러 입양가족 모임의 존재를 존중하면서도 느슨할지언정 통합적인 하나의 단체가 결성되어 운영될 수 있으면 좋겠습니다. 그래야 우리 입양가족의 목소리가 정책으로, 법과 제도적으로 반영되어 나갈 수 있다고 봅니다.

Q. 의원님이 생각하시는 '입양'의 정의는 무엇인가요?

입양은 '또다른 결혼'이라고 생각합니다. 혈연으로 결혼이 이뤄지면 불법적 근친혼이 되고, 피 한 방울 섞이지 않는 것이 오히려 적법한 결혼인 것처럼, 입양은 우리 아이들하고 영육 간에 결혼을 한 것으로 생각합니다. 부부가 사랑을 해서 법과 제도에 의해 결혼하고 나면 만천하에 내 아내, 내 남편이 되어 그 누구도 부인할 수 없습니다. 그리고 이 사회에서 인정과 존중을 받으면서 천생연분으로 믿고 한평생을 지냅니다. 마찬가지로 법과 제도에 의해서 입양이 결정되고 나면 양부모는 물론 입양아 등 이 사회 그 누구도 부인할 수 없기에, 저는 "입양은 결혼이다"라고 정의합니다.

Q. 마지막으로, 입양가족들에게 따뜻한 응원과 격려의 메시지를 부탁드립

니다.

착하다는 소리 들으려고 입양한 것도 아니고, 부모인 우리만을 위하거나, 우리 가문의 후손을 이어가기 위해, 한 가족이 된 것도 아니지 않습니까? 우리 아이들이 행복하고, 우리 아이들이 능력과 재능에 따라 이 세상에서 자아를 실현하며 당당하게 지낼 수 있기만을 바라는 우리지 않습니까? 우리 아이들이 이 대한민국이란 사회에서 기죽지 않고 주눅 들지도 않고 당당히 지낼 수 있는 사회를 만들어 주어야 하지 않겠습니까? 비록 지금은 입양가족의 평범함을 인정하지 않고 감시를 하거나 의심의 눈초리로 대하는 사회와 법이 있지만, 함께 개선해 나갈 수 있도록 연대하며 서로 격려할 수 있기를 바랍니다. 우리는 한 통속, 한 입양가족입니다.

ON AIR
KBS
KBS
민주당
송창권

함께 웃고 함께 울다

제1판 1쇄 발행 2026년 1월 28일

저자	송창권
펴낸이	김덕문
편집	손미정
교열	김지향
교정	김정성
디자인	놈normmm
영업	이종률
제작	정우미디어

펴낸곳	더봄
등록일	2015년 4월 20일
주소	서울시 마포구어울마당로 130 기린빌딩 3105호
대표전화	02-975-8007 ‖ **팩스** 02-975-8006
전자우편	thebom21@naver.com
블로그	blog.naver.com/thebom21

©송창권, 2026
ISBN 979-11-92386-48-5 03340